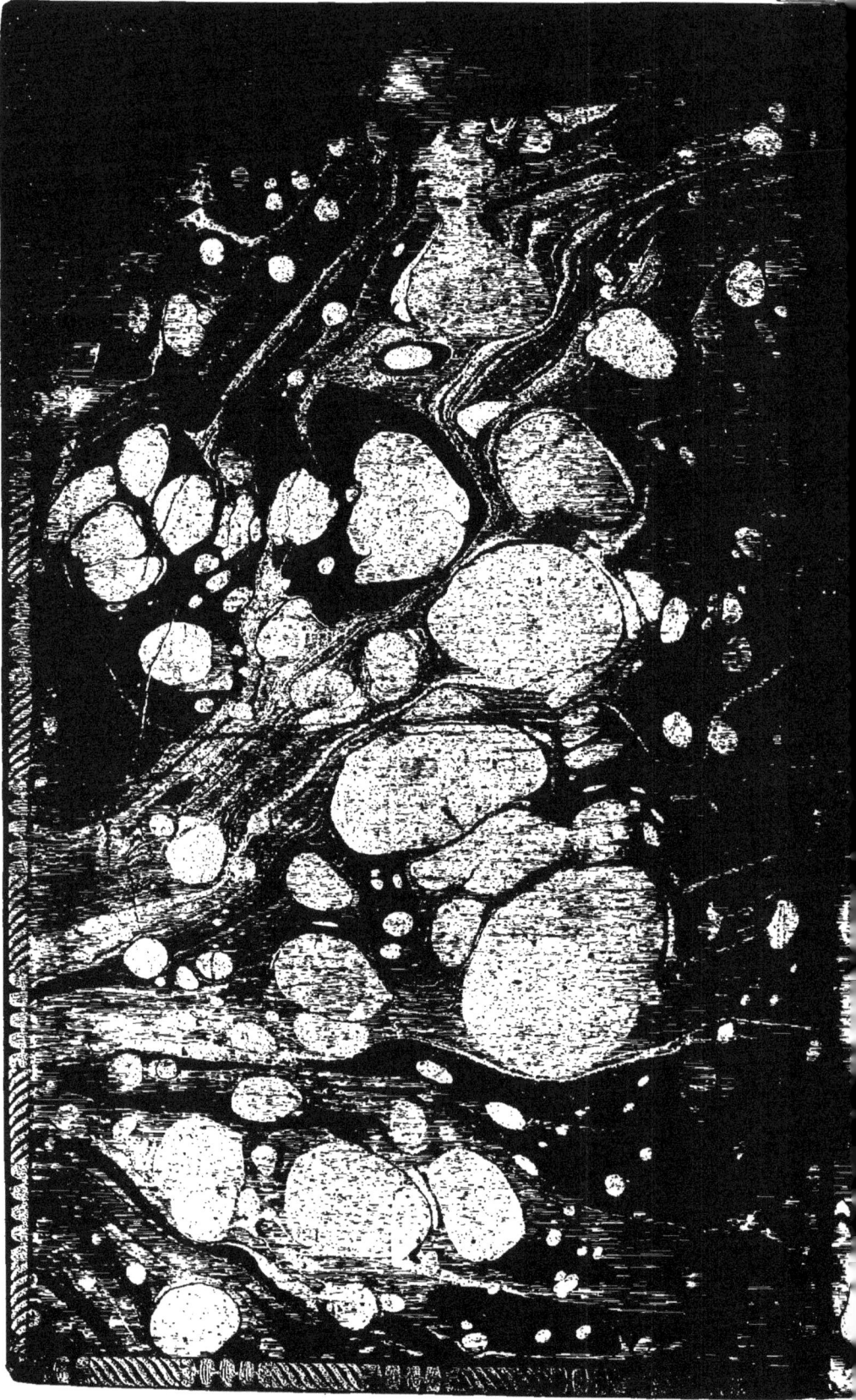

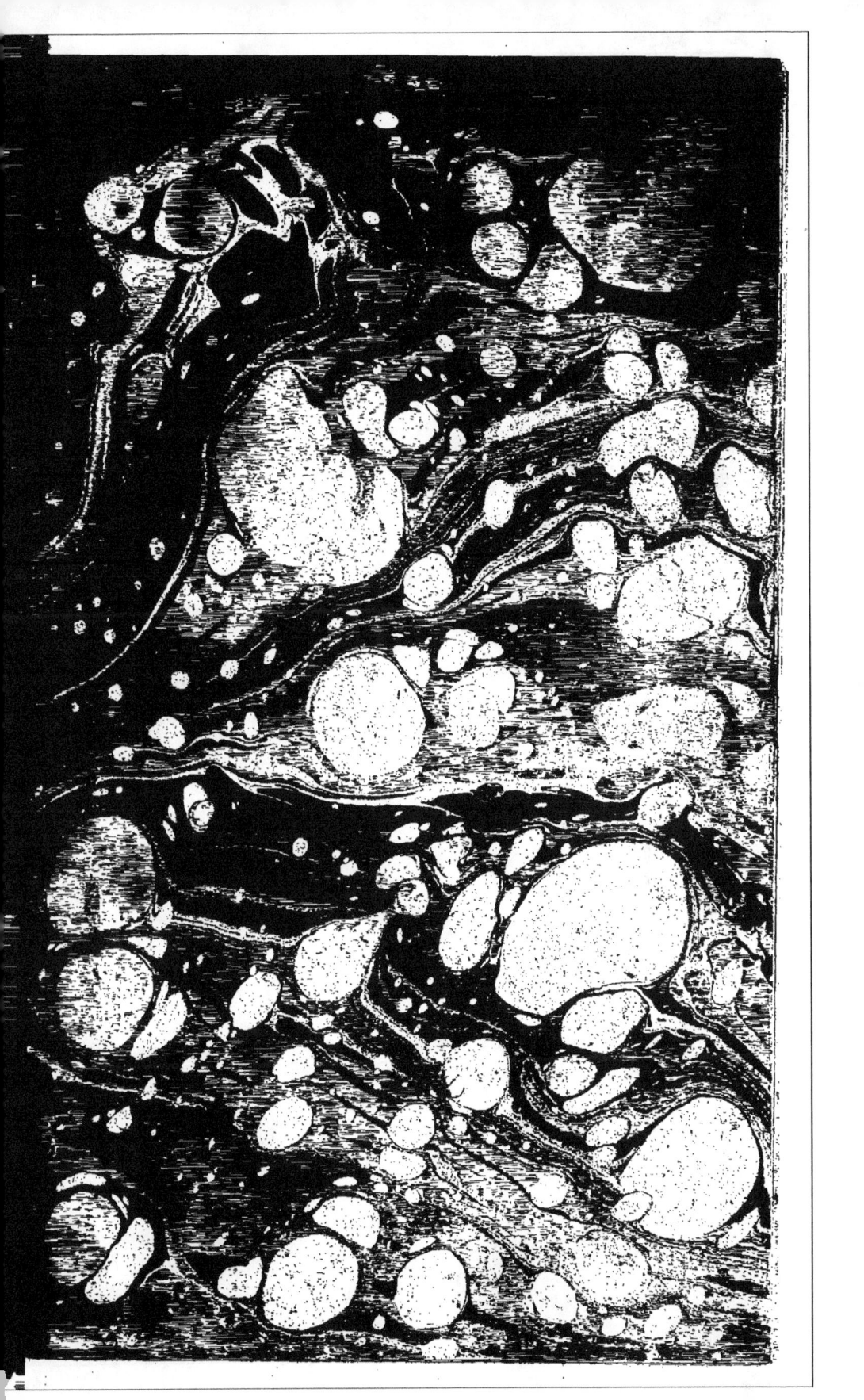

MÉTHODE

OU

INSTRUCTION

SUR la perception des honoraires des Notaires
pour tous les Actes généralement et pour
toutes les Opérations de leur ministère ;

DÉDUITE directement ou par analogie, tant
du tarif des frais et dépens, que du Décret
impérial du 16 février 1807 ;

ET

TABLEAUX DE COMPTES-FAITS,

AU moyen desquels les Notaires DE TOUTES LES CLASSES
trouveront, de suite et sans calcul, le montant des
droits proportionnels et des journées de voyage.

PAR M. RENAUD, NOTAIRE IMPÉRIAL A BESANÇON.

A BESANÇON,
De l'Imprimerie de J.-F. COUCHÉ, Imprimeur
de la Préfecture.

ET SE VEND,

Chez { GIRARD, LIBRAIRE, GRAND'RUE, N.º 766.
{ DEIS, LIBRAIRE, même rue, N.º 450.

1810

Le projet de l'auteur n'avoit été d'abord que de faire un tarif pour les Notaires de la ville de Besançon, conformément à l'invitation que lui en avoient fait ses confrères ; mais ayant bientôt remarqué qu'il ne lui étoit pas possible de remplir son objet sans remonter aux principes contenus dans le tarif des frais et dépens, et, par conséquent, sans s'occuper des autres classes de Notaires, il s'est déterminé à parler des émolumens de ceux de toutes les résidences, et à rendre public son ouvrage, persuadé que ses collègues des départemens lui sauront gré des efforts qu'il a faits pour fixer leurs idées sur un objet qui, jusqu'au tarif des frais et dépens, n'avoit eu d'autre base que l'arbitraire ou l'inégale manière de voir de chaque Notaire en particulier.

AVERTISSEMENT.

EXTRAIT du décret du 19 juillet 1793.

ART. 1.ᵉʳ Lᴇs Auteurs d'écrits en tout genre ......
jouiront, durant leur vie entière, du droit exclusif de
vendre, faire vendre, distribuer leurs ouvrages, et
d'en céder la propriété en tout ou en partie.

Art. 4. Tout contrefacteur sera tenu de payer au
véritable propriétaire une somme équivalente au prix
de trois mille exemplaires de l'édition originale.

Art. 5. Tout débitant d'édition contrefaite, s'il n'est
pas reconnu contrefacteur, sera tenu de payer au véritable propriétaire une somme équivalente au prix de
cinq cents exemplaires de l'édition originale.

Art. 6. Tout citoyen qui mettra au jour un ouvrage, ... sera obligé d'en déposer deux exemplaires
à la bibliothèque nationale, ... dont il recevra un
reçu signé par le bibliothécaire; faute de quoi, il ne
pourra être admis en justice pour la poursuite des
contrefacteurs.

Nous prévenons le public qu'on ne doit regarder
comme véritables que les exemplaires portant la signature apposée ici au bas ; et ceux qui seroient tentés
de contrefaire l'ouvrage, sont avertis qu'on les pour-
suivra suivant la rigueur des lois.

PLAN DE L'OUVRAGE.

Un tarif unique et uniforme, qui convînt
à tous les Notaires de l'Empire, et qui embrassât généralement tous les actes et toutes
les opérations du Notariat, avoit paru jusqu'à
présent impossible et impraticable ; deux raisons principales avoient donné lieu à cette
opinion ; on prétendoit, d'une part, qu'un
même tarif ne pourroit jamais convenir à
toutes les localités indistinctement ; et d'autre
part, que sans une base fixe, une donnée
certaine, émanée ou approuvée du gouvernement, il n'étoit ni possible, ni permis
d'asseoir un tarif autrement que sur des
règles arbitraires.

Mais ces deux raisons ne subsistent plus
depuis longtemps ; c'est le gouvernement lui-
même qui les a fait disparoître.

La première, en établissant, pour tous les
départemens, un système incontestable d'uni-

A 5

formité et d'égalité : mêmes lois , mêmes
institutions, mêmes poids et mesures, même
répartition pour tous les genres de contributions, même tarif pour les avoués, les greffiers,
les huissiers, etc. Il n'y a plus de différence
actuellement qu'en raison de la classifi-
cation des fonctionnaires. Ceux des grandes
villes sont mieux rétribués que ceux des villes
inférieures ; ceux des villes inférieures le
sont mieux que ceux des petites communes ;
cela tient au rang que les villes occupent
entr'elles dans l'Empire, à la population et à
l'étendue de l'arrondissement respectif de ces
fonctionnaires, comme on le verra bientôt
à l'égard des Notaires.

La seconde raison a aussi disparu, et ne
peut plus être alléguée au moyen des données
contenues dans le tarif des frais et dépens,
où l'on trouve , entr'autres choses , le taux
des honoraires pour les ventes et licitations
d'immeubles renvoyées aux Notaires par les
tribunaux ; les sommes au-delà desquelles ces
honoraires doivent décroître ; la proportion
de ce décroissement ; le taux et la durée des
vacations pour les Notaires de toutes les

classes; leurs journées de voyages, les droits d'expéditions, etc.

Malgré ces données, l'établissement d'une perception uniforme n'étoit pas sans difficulté.

PREMIÈREMENT. Les actes que les Notaires reçoivent, n'étant pas tous de la même nature, ni susceptibles du même mode de perception quant aux honoraires, il a fallu, par une première division, en former plusieurs séries.

Pour cela, j'ai eu recours tant à la loi du 22 frimaire an 7, sur l'enrégistrement; qu'au tarif des frais et dépens, décrété le 16 février 1807, cette première division s'y trouvant pour ainsi dire toute faite.

On voit effectivement dans la loi du 22 frimaire an 7, d'une part, tous les actes portant des valeurs déterminées, susceptibles par conséquent des droits proportionnels; et, d'autre part, ceux qui ne contiennent aucune espèce de valeur, par conséquent susceptibles des droits fixes. Il est vrai que les actes qui doivent être rétribués par vacation, se trouvoient confondus dans ces deux espèces; mais le tarif des frais et dépens est venu les en sortir; il réunit dans un seul et même article (l'art. 168) presque tous les actes susceptibles d'être rétribués par vacation.

' J'ai donc commencé par diviser les actes notariés en trois séries différentes.

La première est composée des aotes portant des valeurs déterminées ou pouvant être déterminées ;

La deuxième se compose des actes qui se rétribuent par vacation ;

Et la troisième , de tous les autres actes.

Les actes compris dans la première série seront assujettis à un droit proportionnel, en raison des sommes et valeurs qu'ils contiendront.

Ceux compris dans la seconde série seront assujettis , par vacation de trois heures, au droit établi par le tarif des frais et dépens.

Et ceux compris dans la troisième série , à un droit fixe , basé sur la longueur et l'importance de ces actes.

SECONDEMENT. Les actes de la première série étant les plus importans , les plus nombreux et les plus variés , réunissant à la fois les donations et les testamens, les aliénations de toutes espèces , les obligations , les baux , les quittances , etc. , il n'étoit pas possible de les placer tous sur la même ligne , en les assujettissant aux mêmes honoraires ; il a donc fallu nécessairement subdiviser cette première série , et en former différentes classes , ainsi qu'on va le voir.

Pour cette subdivision , on a eu égard , non-seulement à la nature et à l'importance des actes de cette série , mais aussi à leurs différens degrés d'utilité pour les parties , aux dangers plus ou moins grands auxquels sont exposés les Notaires , soit par la perte ou la suppression de leurs minutes , soit par les amendes et les dommages-intérêts dont la loi les rend responsables pour les moindres omissions et les fautes les plus légères.

J'ai aussi consulté , à cet effet , mes collègues, M.rs les Notaires de Besançon , dont les lumières ont été pour moi de la plus grande utilité.

C'est d'après toutes ces considérations qu'il a paru hors de doute que les honoraires , pour les ventes aux enchères et ensuite d'affiches , ne devoient pas être les mêmes

que ceux pour les ventes volontaires , pures
et simples ;

Qu'il devoit y avoir également une différence pour la perception des honoraires ,
entre les dons et legs entre collatéraux et
étrangers , et ceux entre époux ou en ligne
directe ; entre ces derniers et les constitutions de rentes , les transports , les obligations
hypothécaires , etc. ; entre les constitutions,
transports ou obligations hypothécaires , et
les concordats ou actes d'atermoyement , les
titres nouvels , les obligations sans hypothèques , les marchés d'ouvriers , etc. Enfin ,
entre ces derniers actes et les cautionnemens,
les quittances , etc. etc. etc.

D'où est découlée la nécessité d'établir ,
pour les actes de la première série , cinq
classes différentes et distinctes.

L'énumération des actes composant chacune de ces cinq classes , se trouve en tête
des tableaux qui y sont rélatifs ; et les
explications dont plusieurs de ces actes sont
susceptibles , seront placées immédiatement
après les tableaux.

TROISIÈMEMENT. Établissant ensuite le
taux et la différence des honoraires à percevoir

pour les actes compris dans chacune de ces cinq classes , il a paru convenable de ne point outrepasser ceux fixés par l'art. 113 du tarif des frais et dépens pour les ventes judiciaires, et rendu commun aux Notaires par l'art. 172 du même tarif ; observant néanmoins que les remises accordées par ces deux articles ne sont point excessives , car si dans les ventes judiciaires on compare le travail et la responsabilité des avoués, au travail et à la responsabilité des Notaires , on trouvera ces remises très - foibles par rapport à ces derniers.

Effectivement , la différence est grande entre le travail des uns et le travail des autres : indépendamment des nullités que doivent éviter les Notaires comme les avoués, sous peines des dommages et intérêts des parties (loi du 25 ventôse an 11 et autres), ils sont encore gardiens et responsables des minutes dont ils demeurent dépositaires ; ils sont tenus eux - mêmes de procéder aux publications et adjudications préparatoires et définitives, aux montes et aux enchères; eux-mêmes doivent rédiger et faire toutes les écritures et tous les procès-verbaux, et

cela , sans autre rétribution que les remises
des avoués ; tandis que ceux-ci , indépendamment de ces mêmes remises, sont taxés
et payés , d'après le tarif, de toutes leurs
démarches , de toutes leurs écritures , de
toutes leurs comparutions et vacations aux
enchères ; en sorte que ces remises, qu'ils
n'avoient pas autrefois , sont pour eux , non
le prix de leur travail , mais une pure
gratification.

On ne peut donc pas dire que ces remises
soient excessives, relativement aux Notaires.

Les honoraires portés en l'art. 113 du
tarif des frais et dépens, ont donc été adoptés
pour les actes de la première classe ; ce
sera la base et le maximum des droits
proportionnels.

Ces droits décroîtront de la même manière
et dans la même proportion que le veut
cet art. 113 du tarif, lorsque les sommes
et valeurs portées dans les actes excéderont
10,000 francs , 50,000 francs, et 100,000
francs: c'est-à-dire que les droits à percevoir
sur les sommes et valeurs , depuis 10,000
jusqu'à 50,000 francs, ne seront que moitié

de ceux perçus sur les dix premiers mille francs ; ceux à percevoir depuis 50,000 francs jusqu'à 100,000 , moitié de ceux perçus depuis 10 à 50,000 , ou le quart des premiers ; et ceux à percevoir sur les valeurs excédant 100,000 francs indéfiniment, moitié de ceux perçus depuis 50,000 francs à 100,000 , ou le huitième des premiers (1).

A Paris , par exemple , les honoraires des Notaires pour les actes de la première classe , seront d'un pour cent sur les sommes et valeurs de 10,000 francs et au-dessous ;

---

(1) Le saut de 10,000 , à 50,000 , me paroissant trop grand, j'aurois préféré que la valeur des actes eût été divisée ainsi : depuis 1 à 10,000 , de 10,000 à 30,000 , de 30,000 à 60,000 , de 60,000 à 100,000 , et de 100,000 à quelque somme que ce soit; et que la proportion décroissante n'eût été que d'un tiers , au lieu d'être toujours d'une moitié. Cela eût été plus juste et eût atteint davantage les fortunes ; mais il falloit , comme je l'ai toujours fait , s'attacher le plus possible au tarif des frais et dépens , qui est obligatoire.

D'un demi pour cent sur l'excédant de 10,000 francs jusqu'à 50,000 francs ;

D'un quart pour cent sur l'excédant de 50,000 francs jusqu'à 100,000 francs;

Et du huitième d'un pour cent sur l'excédant de 100,000 francs indéfiniment.

Diminués d'un cinquième, ces mêmes droits de la première classe formeront ceux de la seconde classe ;

Diminués de deux cinquièmes, ils formeront ceux de la troisième classe ;

Diminués de trois cinquièmes, ceux de la quatrième ;

Enfin, diminués de quatre cinquièmes, ils formeront ceux de la cinquième et dernière classe.

Ce décroissement d'un cinquième par chaque classe, comme la réduction des droits à mesure que les sommes excédent 10,000, 50,000 et 100,000 francs, s'appliquent également et sans aucune différence aux Notaires de toutes les résidences; Paris n'est pris ici que pour exemple, comme il le sera toujours dans le cours de cet ouvrage, chaque fois qu'il paroîtra utile de citer des exemples.

QUATRIÈMEMENT. Comme il va être question de la différence qui doit exister dans le taux des honoraires, entre les Notaires des grandes communes et ceux des communes inférieures, il a été nécessaire, avant d'aller plus loin, d'établir les distinctions que la loi a voulu faire entr'eux.

Dans l'ancien ordre de choses, comme sous l'empire des lois nouvelles, on a toujours distingué plusieurs classes de Notaires; la cause en est, probablement, de ce que les études et les années de stage, pour exercer dans les classes supérieures, ne sont pas les mêmes que pour les classes inférieures; elles sont toujours plus longues, plus difficiles et beaucoup plus dispendieuses; il faut aussi des sommes plus fortes pour l'acquisition des protocoles; les cautionnemens qu'on exige présentement, y sont plus considérables; la nourriture, les loyers, l'entretien du ménage, l'éducation des enfans, tout y est beaucoup plus cher que dans les petites communes et dans les campagnes.

La loi du 25 ventôse an 11 a distingué trois classes de Notaires, comme on le sait; la première comprend tous les Notaires des villes où siegent les cours d'appel; la seconde, ceux des villes où il n'y a que des tribunaux de première instance; et la troisième, ceux de toutes les autres communes de l'Empire.

Le tarif des frais et dépens , qui n'a été fait d'abord que pour le ressort de la cour d'appel de Paris, reconnoît aussi trois classes de Notaires : 1.º ceux de Paris, 2.º ceux des villes où il y a un tribunal de première instance, 3.º ceux qui résident par-tout ailleurs; ce qui s'accorde assez bien avec les trois classes établies par la loi du 25 ventôse.

Mais le décret impérial du 16 février 1807, en rendant commun à tout l'Empire le tarif des frais et dépens de la cour d'appel de Paris, reconnoît, ou plutôt établit, quant aux honoraires, une quatrième classe de Notaires; cette quatrième classe se place immédiatement entre les Notaires de Paris et ceux des villes où siège un tribunal de première instance.

D'après ces nouvelles dispositions , les Notaires se trouvent à présent divisés en quatre classes , composées de la manière suivante.

Ire classe. Les Notaires des villes de Paris, Lyon,

Lyon, Bordeaux, Rouen et Bruxelles; il faudra y joindre ceux des villes de Rome et Amsterdam, réunies dès-lors à l'Empire français et mises au rang des premières villes.

IIe classe. Les Notaires de toutes les autres villes où il y a cour d'appel, ou dont la population excède trente mille habitans.

IIIe classe. Les Notaires des villes où siège, non une cour d'appel, mais un tribunal de première instance.

IVe classe. Enfin, les Notaires de toutes les autres communes.

Dans la suite de cet ouvrage, les Notaires de première classe seront désignés par ces expressions :

NOTAIRES DES GRANDES VILLES.

Ceux de seconde classe, par celles - ci :

NOTAIRES DES COURS D'APPEL.

Ceux de la troisième classe :

NOTAIRES DES TRIBUNAUX D'INSTANCE.

Et ceux de la quatrième classe :

NOTAIRES DES JUSTICES DE PAIX.

C'est principalement à cause des tableaux qu'il étoit nécessaire d'abréger les expressions.

CINQUIÈMEMENT. Revenant à la question

B

de savoir quelle sera la différence qui doit exister dans le taux des honoraires, entre les Notaires des différentes résidences., afin d'établir quatre degrés de perception pour chacune des cinq classes d'actes susceptibles du droit proportionnel, on a recouru encore au tarif des frais et dépens, comme à la source dans laquelle ont été puisés tous les principes de cet ouvrage.

Le chapitre sept du livre second dudit tarif, chapitre exclusivement fait pour les Notaires, porte que les vacations de ceux de Paris seront de 9 francs chaque; celles des Notaires des villes où il y a tribunal d'instance, de 6 francs; celles des Notaires des autres communes, de 4 francs. Il résulte, de plus, du décret impérial du 16 février 1807, que les Notaires des villes où il y a une cour d'appel, autres que Paris, Lyon, Bordeaux, Rouen et Bruxelles, auront les mêmes droits que ceux de ces dernières villes, déduction faite du dixième.

Voilà donc une proportion déterminée, tant par le tarif des frais et dépens, que par le décret impérial du 16 février 1807; cette même proportion a lieu encore, soit pour les journées et indemnités de voyage, soit pour les partages judiciaires , rétribués par vacation , soit , à quelque chose près , pour les droits d'expédition. (Voyez les art. 170, 171 et 174 du tarif). Par tout cela on voit que le gouvernement a voulu établir en principe, de passer aux Notaires des cours d'appel les neuf dixièmes de ce qui est passé à ceux des grandes villes; aux Notaires des tribunaux d'instance , les deux tiers de ce qui est passé aux mêmes Notaires des grandes villes; et à ceux des justices de paix , *à - peu - près* les deux tiers de ce qui est passé aux Notaires des tribunaux d'instance.

Je dis à peu près , parce qu'il y a une légère différence dans cette base proportionnelle , quant aux droits d'expéditions ; différence qui provient de ce que les rédacteurs du tarif des frais et dépens , pour éviter toute erreur dans les comptes et calculs, ont préféré négliger quelques fractions minutieuses et de peu de conséquence , en les faisant tourner au profit de la classe inférieure.

C'est aussi ce qu'on a été obligé de faire quelquefois dans les tableaux qu'on trou-

B 2

vera ci-après, pour ne pas se jetter dans
les fractions de centimes; encore y en aura-
t-il, malgré cette précaution, mais elles ne
s'étendront qu'à des demi-centimes, qu'il
étoit impossible d'éviter.

A cela près, la proportion réglée par le
gouvernement, dans son tarif des frais et
dépens, a été scrupuleusement suivie et
observée.

Il semble résulter de cette proportion,
au premier coup d'œil, que les Notaires
des justices de paix auront de bien foibles
émolumens; mais il faut remarquer que la
presque totalité des actes qu'ils reçoivent
se faisant hors de leur résidence, et qu'étant
presque tous plus ou moins éloignés de la
commune où se trouve le bureau d'enrégistrement, ils auront beaucoup plus de voyages
que les autres Notaires, voyage pour aller
recevoir l'acte, voyage pour le porter au
bureau d'enrégistrement; ce qui les dédom-
magera amplement de la modicité qui paroît
exister dans leurs honoraires (1).

_____

(1) Cette modicité, au surplus, n'est qu'apparente;
pour le prouver, il ne faut que récapituler les hono-

SIXIÈMEMENT. Après les tableaux et les observations qui les suivent, se trouve la seconde série des actes notariés, celle susceptible des droits par vacation : cet article est traité brièvement, il présentoit moins de difficultés que le précédent.

Vient ensuite la troisième série, comprenant les actes susceptibles du droit fixe ; ils sont en petit nombre, et, pour la plupart, de peu d'importance : pour en fixer les droits, on n'avoit pas d'autre base que l'usage des

---

raires qui leur sont attribués pour un acte de 100 f. et au-dessous, pris dans la dernière classe, comme étant l'acte susceptible des plus moindres droits,

1.º Droit fixe par chaque acte. . . . .   5o c.

2.º Droit proportionnel sur 100 fr. . .   10

3.º Au moins un rôle d'expédition. . 1 f. 5o

Total. . . . . . . 2 f. 10 c.

Si l'expédition contient plus d'un rôle, ses droits augmenteront en raison de 1 fr. 5o c. par rôle, après quoi viendront les droits de voyage, soit pour être allé recevoir l'acte, soit pour le porter à l'enrégistrement, ainsi que le tout se verra plus loin.

Notaires , le tarif des frais et dépens ne s'en étant nullement occupé.

L'article 170 du tarif des frais et dépens , concernant les voyages, se trouve développé immédiatement après l'article qui précède. Ayant été mal rédigé , il étoit difficile d'en saisir le véritable sens ; je crois cependant l'avoir découvert; le lecteur en jugera par le développement que j'ai donné à cet article.

Restoit à parler de quelques droits particuliers , tels que ceux d'expédition , de collation de pièces, les droits de recherche , etc. Ils sont l'objet d'un dernier article, intitulé *des droits divers.*

Cet ouvrage est donc divisé en cinq articles.

L'article I traite des droits proportionnels pour les actes portant des valeurs déterminées ou pouvant être déterminées;

L'article II, des droits pour les actes et procès-verbaux qui se rétribuent par vacations;

L'article III, des droits fixes pour tous les autres actes ;

L'article IV, des voyages et des déplacemens ;

Et l'article V , des droits divers.

INSTRUCTION

SUR LA PERCEPTION DES HONORAIRES DES NOTAIRES.

RÈGLES GÉNÉRALES.

Avant de passer outre, il a paru nécessaire de donner quelques règles essentielles,
vu qu'elles s'appliquent généralement à tous
les actes notariés sans exception.

1.º Les honoraires exigibles pour les actes
notariés, en conformité de cette instruction,
le seront également pour les actes sous seings-
privés, lorsqu'on les déposera chez les Notaires pour être exécutés, tels que les ventes,
les baux, les cédules ou billets obligatoires,
les testamens olographes, etc.

2.º Lorsqu'un acte contiendra plusieurs
dispositions qui ne dériveront pas nécessairement les unes des autres, les honoraires
seront perçus sur chacune de ces dispositions
séparément, à moins toutefois qu'il ne s'a-
gisse de l'acquittement du prix d'une vente,

d'une constitution de rente ou d'un transport, etc., cas auxquels la disposition sera
considérée comme dérivant naturellement
de la principale.

Si les dispositions de l'acte découlent nécessairement les unes des autres, la perception
ne sera faite que sur celle de ces dispositions
qui donnera ouverture au plus fort droit.

3.° Il sera perçu par chaque acte, indépendamment des honoraires qu'on trouve ci-
après, 1.° les droits d'expéditions, tels qu'ils
sont réglés par le tarif des frais et dépens;
2.° les journées et frais de voyage ou de
déplacement, réglés par le même tarif; 3.°
enfin, un droit de 50 centimes par acte, tant
pour frais des deux répertoires et de l'acte du
dépôt qui se fait de l'un d'eux au greffe, à
la fin de chaque année, que pour droit de
sceau.

4.° Le moindre droit à percevoir pour un
acte notarié non expédié ou délivré en brevet,
sera, pour les Notaires des grandes villes,
de 3 fr. 50 c.; pour les Notaires des cours
d'appel, de 3 fr. 15 c.; pour les Notaires
des tribunaux d'instance, de 2 fr. 50 c.; et
pour les Notaires des justices de paix, de 2

fr., non compris le droit fixe de 5o c. par acte, et les droits de voyage, s'il y en a.

5.º Les Notaires ónt, pour le paiement de leurs honoraires, la solidarité contre toutes les parties contractantes indistinctement: telle étoit l'ancienne jurisprudence, confirmée par plusieurs arrêts, notamment par celui rendu au parlement de Bretagne, le 6 juillet 1753. Il en est de même pour le remboursement des droits d'enrégistrement, sauf à la partie qui fait l'avance, son recours pour faire supporter ces honoraires et ces droits d'en- régistrement à celle désignée par l'art. 31 de la loi du 22 frimaire an 7, et par les art. 1248 et 1593 du code Napoléon, ces trois articles ayant pour unique objet de désjgner la partie qui, en définitif, doit supporter ces frais, et non de régler les droits et les privilèges des Notaires.

L'art. 851 du code de procédure civile vient encore à l'appui de ce principe. S'il suffit, en effet, qu'un particulier étranger à un acte notarié, en demande simplement une expédition pour être, par cela seul, obligé d'acquitter lui-même la totalité des frais de l'acte ; lorsqu'ils sont dûs au Notaire,

à bien plus forte raison toutes les parties
contractantes doivent-elles en être tenues,
puisque toutes ont également demandé et
consenti l'acte, en s'adressant ensemble au
Notaire ; puisqu'il n'a été rédigé que dans
leurs intérêts communs, pour leur avantage
réciproque, et pour assurer l'exécution de
leurs promesses respectives; puisqu'enfin les
parties en profitent toutes, et plus particu-
lièrement encore celles qui voudroient se
soustraire à la solidarité , tels que les
vendeurs, les prêteurs d'argent , les amo-
diateurs, etc.

6.° Ainsi qu'il a déjà été observé dans le
prospectus de cet ouvrage, quoique les honoraires qui se trouvent ici réglés, soient
puisés dans le tarif des frais et dépens, ou
paroissent en découler naturellement, les
parties et même les Notaires qui se croiroient
lésés, auront toujours le droit de les faire
régler par le président du tribunal civil de
l'arrondissement du Notaire, en conformité
de l'art. 51 de la loi du 25 ventôse an 11,
et de l'art. 173 du tarif des frais et dépens.

On le répète, cet ouvrage n'est point et
ne peut pas être une loi obligatoire, du

moins, pour ce qui n'est pas pris textuelle-
ment dans le tarif des frais et dépens ; ce
n'est qu'un mode de perception simple et
uniforme, présenté aux chambres de disci-
pline et à tous MM. les Notaires qui, depuis
long-temps , désirent un tarif général et
unique, et qui, en attendant, s'empresseront
probablement d'adopter les bases renfermées
dans cette instruction.

ARTICLE PREMIER.

DES ACTES SUSCEPTIBLES
DES DROITS PROPORTIONNELS.

Il eût été trop long de donner les raisons
sur lesquelles on s'est fondé pour distribuer
dans telle ou telle classe les actes de la
première série ; il suffira d'en donner ici
une idée , relativement aux actes portant
transmission de biens , soit à titre onéreux,
soit à titre gratuit, ces actes étant les plus
importans de cette série.

Les remises allouées par les art. 113 et
172 du tarif des frais et dépens, pour les

ventes et licitations dans lesquelles se trouvent des mineurs, des interdits ou des absens,
devoient être adoptées pour les ventes et
licitations entre majeurs présens et jouissant
de leurs droits, lorsqu'elles sont faites publiquement, aux enchères et ensuite d'affiches;
les formalités étant les mêmes pour les unes
et pour les autres, elles devoient être assi-
milées aux mêmes remises ; raison pour
laquelle ces actes ont été placés dans la
première classe, dont les émolumens sont
tirés de l'art. 113.

Il n'en est pas de même des ventes pures
et simples, que les parties font entr'elles de
gré à gré; elles devoient être renvoyées dans
une classe inférieure, attendu qu'il n'y a,
pour ces ventes, qu'un seul acte à rédiger,
au lieu que, pour les premières, il y en a
trois nécessairement, savoir: le procès-verbal
de dépôt du cahier des charges, le procès-
verbal d'adjudication préparatoire, et le
procès-verbal d'adjudication définitive.

En assimilant la minute de l'acte de vente
pure et simple, à celle de l'acte d'adjudication définitive, malgré qu'on pourroit
dire que la première est d'une rédaction

plus longue et plus difficile que la seconde, puisqu'elle doit contenir à la fois le détail des objets vendus, l'établissement de la propriété, et toutes les conditions de la vente, choses qui se trouvent dans le cahier des charges pour les ventes aux enchères, en assimilant, dis-je, la minute de la vente pure et simple à la minute de l'adjudication définitive, et en supposant que l'une équivaut à l'autre, il reste toujours, pour les ventes à l'enchère, deux procès-verbaux qui n'ont pas lieu pour les ventes ordinaires, procès-verbaux dont les émolumens se trouvent confondus dans les remises de l'adjudication définitive. Il falloit donc qu'il y eût une différence en moins pour les honoraires des ventes pures et simples, en raison de ces deux procès-verbaux; c'est ce qui a été effectué par leur placement dans la seconde classe, dont les honoraires sont d'un cinquième plus foibles que ceux des ventes à l'enchère.

On trouvera peut-être que la réduction est trop grande, puisque, par exemple, sur une vente de 50,000 fr., faite par un Notaire de Paris, elle seroit de 60 francs, tandis que si on se bornoit à retrancher les émo-

lumens des deux procès-verbaux, en supposant une vacation pour chaque (1), on ne
diminueroit au même Notaire que 18 fr.
au lieu de 60 , et que , quand même on
retrancheroit le double , en supposant le
double de temps pour ces deux procès-
verbaux, ce qui est impossible, il resteroit
toujours une différence frappante, différence
qui croîtroit encore à mesure que les adjudications seroient plus fortes.

Mais il étoit impossible de faire diffé-
remment, à moins de rompre toute analogie
dans les tableaux, en voulant diminuer sur
les émolumens de toutes les ventes ordinaires,
les vacations employées à la rédaction des
procès-verbaux dont il est ici question, ce
qui étoit impraticable : en effet , comment
diminuer l'émolument de deux, de trois ou de

---

(1) Ces deux procès — verbaux ne peuvent pas
comporter plus d'une vacation chaque , vu que le
premier n'est qu'un simple acte de dépôt du cahier
des charges, cahier que le Notaire n'est point tenu de
rédiger; et le second, un court procès-verbal d'adjudication préparatoire, qui ne peut pas occuper plus
de trois heures.

quatre vacations, sur les ventes dont le total des honoraires seroit inférieur à cette valeur, telles que les ventes au-dessous de 3,500 fr., qui cependant sont les plus fréquentes?

Au surplus, cette différence qui paroît un peu forte pour les ventes de 50,000 fr. et au-dessus, deviendra moins sensible et souvent nulle pour les ventes au-dessous de cette valeur.

Quant aux donations et aux dispositions testamentaires, on a cru devoir placer dans la classe des ventes à l'enchère, celles entre COLLATÉRAUX et ÉTRANGERS ; il eût été ridicule de ne les assimiler qu'aux droits des ventes pures et simples , où quelquefois l'acheteur paie déjà la chose au-delà de ce qu'elle vaut, tandis que les dons et legs sont en pur bénéfice pour ceux qui en profitent, puisqu'ils se font ordinairement à titre gratuit. D'ailleurs, ces actes ont des formalités plus strictes, et dont l'oubli ou l'omission peut entraîner la ruine des Notaires qui les reçoivent. Cependant, on a renvoyé à la classe des ventes pures et simples, les dons et legs entre époux, et ceux par préciput, en ligne directe, faits hors le contrat de mariage; il semble que la faveur dûe aux époux et aux liens du sang, méritoit cette différence.

On s'en tiendra donc à cette explication : les raisons pour lesquelles on a placé les autres actes dans les différentes classes, se sentiront assez d'elles-mêmes ; quelques-unes se trouveront encore développées lorsque l'occasion s'en présentera.

PREMIÈRE CLASSE.

Les Actes compris dans la première classe, sont :

1.° Les ventes et licitations d'immeubles appartenant à des majeurs présens et jouissant de leurs droits, lorsqu'elles seront faites publiquement, aux enchères et ensuite d'affiches (1) ;

2.° Les donations entre COLLATÉRAUX ET

---

(1) Si la délivrance n'en étoit pas faite, les frais des procès-verbaux d'enchères et autres, seroient acquittés par ceux qui auroient requis les montés, en raison du nombre des vacations employées par le Notaire, et dont lesdits procès-verbaux feront mention.

ÉTRANGERS,

Étrangers, mobilières ou immobilières, à titre gratuit ou à titre onéreux, par contrat de mariage ou autrement;

3.° Les legs de toutes espèces, entre les mêmes personnes (1).

Les Droits à percevoir pour les actes de cette première classe, seront:

I. POUR LES NOTAIRES DES GRANDES VILLES.

Sur les sommes et valeurs de 10,000 francs et au-dessous, un pour cent ou dix francs par mille; sur l'excédant de 10,000 francs jusqu'à 50,000, demi pour cent ou cinq fr. par mille; sur l'excédant de 50,000 francs jusqu'à 100,000, un quart pour cent ou deux et demi par mille; et sur l'excédant de 100,000 francs, indéfiniment, le huitième d'un pour cent, ou un franc vingt-cinq centimes par mille.

II. POUR LES NOTAIRES DES COURS D'APPEL.

Sur les sommes et valeurs de 10,000 fr.

---

(1) Voyez après les tableaux, les observations sur les ventes et licitations renvoyées aux Notaires par les tribunaux, et celles sur les donations entre-vifs et sur les testamens.

C

et au-dessous, 9 fr. par mille ; sur l'excédant
de 10,000 francs jusqu'à 50,000 , 4 fr. 50 c.
par mille ; sur l'excédant de 50,000 francs
jusqu'à 100,000 , 2 fr. 25 c. par mille ; et
sur l'excédant de 100,000 francs, indéfiniment, 1 fr. 12 c. 1/2 par mille.

III. POUR LES NOTAIRES DES TRIBUNAUX D'INSTANCE.

Sur les sommes et valeurs de 10,000 fr.
et au-dessous , 6 fr. 80 c. par mille ; sur
l'excédant de 10,000 francs jusqu'à 50,000,
3 fr. 40 c. par mille ; sur l'excédant de
50,000 francs jusqu'à 100,000 , 1 fr. 70 c.
par mille ; et sur l'excédant de 100,000 fr.,
indéfiniment, 85 c. par mille.

IV. POUR LES NOTAIRES DES JUSTICES DE PAIX.

Sur les sommes et valeurs de 10,000 fr.
et au-dessous , 4 fr. 60 c. par mille ; sur
l'excédant de 10,000 francs jusqu'à 50,000,
2 fr. 30 c. par mille ; sur l'excédant de
50,000 francs jusqu'à 100,000 , 1 fr. 15 c.
par mille ; et sur l'excédant de 100,000 fr.,
indéfiniment, 57 c. 1/2 par mille.

C'est sur ces bases qu'a été calculé le
tableau suivant.

TABLEAU

POUR la perception des honoraires des Notaires,
sur les actes de la première classe.

VALEURS des actes et contrats.	NOTAIRES des grandes villes.		NOTAIRES des cours d'appel.		NOTAIRES des tribunaux d'instance		NOTAIRES des justices de paix.	
francs.	f.	c.	f.	c.	f.	c.	f.	c.
100	1	»	»	90	»	68	»	46
200	2	»	1	80	1	36	»	92
300	3	»	2	70	2	04	1	38
400	4	»	3	60	2	72	1	84
500	5	»	4	50	3	40	2	30
600	6	»	5	40	4	08	2	76
700	7	»	6	30	4	76	3	22
800	8	»	7	20	5	44	3	68
900	9	»	8	10	6	12	4	14
1000	10	»	9	»	6	80	4	60
1100	11	»	9	90	7	48	5	06
1200	12	»	10	80	8	16	5	52
1300	13	»	11	70	8	84	5	98
1400	14	»	12	60	9	52	6	44
1500	15	»	13	50	10	20	6	90
1600	16	»	14	40	10	88	7	36
1700	17	»	15	30	11	56	7	82
1800	18	»	16	20	12	24	8	28
1900	19	»	17	10	12	92	8	74
2000	20	»	18	«	13	60	9	20
2100	21	»	18	90	14	28	9	66
2200	22	»	19	80	14	96	10	12
2300	23	»	20	70	15	64	10	58
2400	24	»	21	60	16	32	11	04
2500	25	»	22	50	17	»	11	50

VALEURS des actes et contrats.	NOTAIRES des grandes villes.		NOTAIRES des cours d'appel.		NOTAIRES des tribunaux d'instance		NOTAIRES des justices de paix.	
francs.	f.	c.	f.	c.	f.	c.	f.	c.
2600	26	»	23	40	17	68	11	96
2700	27	»	24	30	18	36	12	42
2800	28	»	25	20	19	04	12	88
2900	29	»	26	10	19	72	13	34
3000	30	»	27	»	20	40	13	80
3100	31	»	27	90	21	08	14	26
3200	32	»	28	80	21	76	14	72
3300	33	»	29	70	22	44	15	18
3400	34	»	30	60	23	12	15	64
3500	35	»	31	50	23	80	16	10
3600	35	»	32	40	24	48	16	56
3700	37	»	33	30	25	16	17	02
3800	38	»	34	20	25	84	17	48
3900	39	»	35	10	26	52	17	94
4000	40	»	36	»	27	20	18	40
4100	41	»	36	90	27	88	18	86
4200	42	»	37	80	28	56	19	32
4300	43	»	38	70	29	24	19	78
4400	44	»	39	60	29	92	20	24
4500	45	»	40	50	30	60	20	70
4600	46	»	41	40	31	28	21	16
4700	47	»	42	30	31	96	21	62
4800	48	»	43	20	32	64	22	08
4900	49	»	44	10	33	32	22	54
5000	50	»	45	»	34	»	23	»
5100	51	»	45	90	34	68	23	46
5200	52	»	46	80	35	36	23	92
5300	53	»	47	70	36	04	24	38
5400	54	»	48	60	36	72	24	84
5500	55	»	49	50	37	40	25	30
5600	56	»	50	40	38	08	25	76

Valeurs des actes et contrats.	Notaires des grandes villes.		Notaires des cours d'appel.		Notaires des tribunaux d'instance		Notaires des justices de paix.	
francs.	f.	c.	f.	c.	f.	c.	f.	c.
5700	57	»	51	30	38	76	26	22
5800	58	»	52	20	39	44	26	68
5900	59	»	53	10	40	12	27	14
6000	60	»	54	»	40	80	27	60
6100	61	»	54	90	41	48	28	06
6200	62	»	55	80	42	16	28	52
6300	63	»	56	70	42	84	28	98
6400	64	»	57	60	43	52	29	44
6500	65	»	58	50	44	20	29	90
6600	66	»	59	40	44	88	30	36
6700	67	»	60	30	45	56	30	82
6800	68	»	61	20	46	24	31	28
6900	69	»	62	10	46	92	31	74
7000	70	»	63	»	47	60	32	20
7100	71	»	63	90	48	28	32	66
7200	72	»	64	80	48	96	33	12
7300	73	»	65	70	49	64	33	58
7400	74	»	66	60	50	32	34	04
7500	75	»	67	50	51	»	34	50
7600	76	»	68	40	51	68	34	96
7700	77	»	69	30	52	36	35	42
7800	78	»	70	20	53	04	35	88
7900	79	»	71	10	53	72	36	34
8000	80	»	72	»	54	40	36	80
8100	81	»	72	90	55	08	37	26
8200	82	»	73	80	55	76	37	72
8300	83	»	74	70	56	44	38	18
8400	84	»	75	60	57	12	38	64
8500	85	»	76	50	57	80	39	10
8600	86	»	77	40	58	48	39	56
8700	87	»	78	30	59	16	40	02

VALEURS des actes et contrats.	NOTAIRES des grandes villes.		NOTAIRES des cours d'appel.		NOTAIRES des tribunaux d'instance		NOTAIRES des justices de paix.	
francs.	f.	c.	f.	c.	f.	c.	f.	c.
8800	88	»	79	20	59	84	40	48
8900	89	»	80	10	60	52	40	94
9000	90	»	81	»	61	20	41	40
9100	91	»	81	90	61	88	41	86
9200	92	»	82	80	62	56	42	32
9300	93	»	83	70	63	24	42	78
9400	94	»	84	60	63	92	43	24
9500	95	»	85	50	64	60	43	70
9600	96	»	86	40	65	28	44	16
9700	97	»	87	30	65	96	44	62
9800	98	»	88	20	66	64	45	08
9900	99	»	89	10	67	32	45	54
10000	100	»	90	«	68	»	46	»
11000	105	»	94	50	71	40	48	30
12000	110	»	99	»	74	80	50	60
13000	115	»	103	50	78	20	52	90
14000	120	»	108	»	81	60	55	20
15000	125	»	112	50	85	»	57	50
16000	130	»	117	»	88	40	59	80
17000	135	»	121	50	91	80	62	10
18000	140	»	126	»	95	20	64	40
19000	145	»	130	50	198	60	66	70
20000	150	»	135	»	102	»	69	»
21000	155	»	139	50	105	40	71	30
22000	160	»	144	»	108	80	73	60
23000	165	»	148	50	112	20	75	90
24000	170	»	153	»	115	60	78	20
25000	175	«	157	50	119	»	80	50
26000	180	»	162	»	122	40	82	80
27000	185	»	166	50	125	80	85	10

VALEURS des actes et contrats.	NOTAIRES des grandes villes.		NOTAIRES des cours d'appel.		NOTAIRES des tribunaux d'instance		NOTAIRES des justices de paix.	
francs.	f.	c.	f.	c.	f.	c.	f.	c.
28000	190	»	171	»	129	20	87	40
29000	195	»	175	50	132	60	89	70
30000	200	»	180	»	136	»	92	»
31000	205	»	184	50	139	40	94	30
32000	210	»	189	»	142	80	96	60
33000	215	»	193	50	146	20	98	90
34000	220	»	198	»	149	60	101	20
35000	225	»	202	50	153	»	103	50
36000	230	»	207	»	156	40	105	80
37000	235	»	211	50	159	80	108	10
38000	240	»	216	»	163	20	110	40
39000	245	»	220	50	166	60	112	70
40000	250	»	225	»	170	»	115	»
41000	255	»	229	50	173	40	117	30
42000	260	»	234	»	176	80	119	60
43000	265	»	238	50	180	20	121	90
44000	270	»	243	»	183	60	124	20
45000	275	»	247	50	187	»	126	50
46000	280	»	252	»	190	40	128	80
47000	285	»	256	50	193	80	131	10
48000	290	»	261	«	197	20	133	40
49000	295	»	265	50	200	60	135	70
50000	300	»	270	»	204	»	138	»
51000	302	50	272	25	205	70	139	15
52000	305	»	274	50	207	40	140	30
53000	307	50	276	75	209	10	141	45
54000	310	»	279	»	210	80	142	60
55000	312	50	281	25	212	50	143	75
56000	315	»	283	50	214	20	144	90
57000	317	50	285	75	215	90	146	05

VALEURS des actes et contrats.	NOTAIRES des grandes villes.		NOTAIRES des grandes villes.		NOTAIRES des tribunaux d'instance		NOTAIRES des justices de paix.	
francs.	f.	c.	f.	c.	f.	c.	f.	c.
58000	320	»	288	»	217	60	147	20
59000	322	50	290	25	219	30	148	35
60000	325	»	292	50	221	»	149	50
61000	327	50	294	75	222	70	150	65
62000	330	»	297	»	224	40	151	80
63000	332	50	299	25	226	10	152	95
64000	335	»	301	50	227	80	154	10
65000	337	50	303	75	229	50	155	25
66000	340	»	306	»	231	20	156	40
67000	342	50	308	25	232	90	157	55
68000	345	»	310	50	234	60	158	70
69000	347	50	312	75	236	30	159	85
70000	350	»	315	»	238	«	161	»
71000	352	50	317	25	239	70	162	15
72000	355	»	319	50	241	40	163	30
73000	357	50	321	75	243	10	164	45
74000	360	«	324	»	244	80	165	60
75000	362	50	326	25	246	50	166	75
76000	365	»	328	50	248	20	167	90
77000	367	50	330	75	249	90	169	05
78000	370	»	333	»	251	60	170	20
79000	372	50	335	25	253	30	171	35
80000	375	»	337	50	255	»	172	50
81000	377	50	339	75	256	70	173	65
82000	380	»	342	»	258	40	174	80
83000	382	50	344	25	260	10	175	95
84000	385	»	346	50	261	80	177	10
85000	387	50	348	75	263	50	178	25
86000	390	»	351	»	265	20	179	40
87000	392	50	353	25	266	90	180	55
88000	395	»	355	50	268	60	181	70

Valeurs des actes et contrats.	Notaires des grandes villes.		Notaires des cours d'appel.		Notaires des tribunaux d'instance		Notaires des justices de paix.	
francs.	f.	c.	f.	c.	f.	c.	f.	c.
89000	397	50	357	75	270	30	182	85
90000	400	»	360	»	272	»	184	»
91000	402	50	362	25	273	70	185	15
92000	405	»	364	50	275	40	186	30
93000	407	50	366	75	277	10	187	45
94000	410	»	369	»	278	80	188	60
95000	412	50	371	25	280	50	189	75
96000	415	»	373	50	282	20	190	90
97000	417	50	375	75	283	90	192	05
98000	420	»	378	»	285	60	193	20
99000	422	50	380	25	287	30	194	35
100000	425	»	382	50	289	»	195	50
110000	437	50	393	75	297	50	201	25
120000	450	»	405	»	306	»	207	»
130000	462	50	416	25	314	50	212	75
140000	475	»	427	50	323	»	218	50
150000	487	50	438	75	331	50	224	25
160000	500	»	450	»	340	»	230	»
170000	512	50	461	25	348	50	235	75
180000	525	»	472	50	357	»	241	50
190000	537	50	483	75	365	50	247	25
200000	550	»	495	»	374	»	253	»
300000	675	»	607	50	459	»	310	50
400000	800	»	720	»	544	»	368	»
500000	925	»	832	50	629	»	425	50
600000	1050	»	945	»	714	»	482	»
700000	1175	»	1057	50	799	»	539	50
800000	1300	»	1170	»	884	»	597	»
900000	1425	»	1282	50	969	»	654	50
1000000	1550	»	1395	»	1054	»	712	»

D

SUITE DES DROITS PROPORTIONNELS.

SECONDE CLASSE.

Les Actes compris dans la deuxième classe, sont :

1.º Les donations et legs ENTRE ÉPOUX, hors le contrat de mariage, à quelque titre que ce soit.

2.º Les donations et legs PAR PRÉCIPUT EN LIGNE DIRECTE, autres que par contrat de mariage, aussi à quelque titre que ce soit.

3.º Les ventes, les cessions ou transports d'hérédité, les transactions portant transmissions de biens, les soultes sur partages, les licitations, déduction faite de la part de l'adjudicataire, et généralement toutes aliénations quelconques.

4.º Les échanges, en réglant le droit sur la valeur de la plus forte part seulement.

Les Droits à percevoir pour les actes de cette seconde classe, seront :

I. POUR LES NOTAIRES DES GRANDES VILLES.

Sur les sommes et valeurs de 10,000 fr.
et au-dessous, 8 fr. par mille; sur l'excédant
de 10,000 jusqu'à 50,000 fr., 4 fr. par mille;
sur l'excédant de 50,000 jusqu'à 100,000 fr.,
2 fr. par mille; et sur l'excédant de 100,000
fr. indéfiniment, 1 fr. par mille.

II. POUR LES NOTAIRES DES COURS D'APPEL.

Sur les sommes et valeurs de 10,000 fr.
et au - dessous, 7 fr. 20 c. par mille; sur
l'excédant de 10,000 jusqu'à 50,000 francs,
3 fr. 60 c. par mille; sur l'excédant de 50,000
jusqu'à 100,000 fr., 1 fr. 80 c. par mille;
et sur l'excédant de 100,000 fr. indéfiniment,
90 centimes par mille.

III. POUR LES NOTAIRES DES TRIBUNAUX
D'INSTANCE.

Sur les sommes et valeurs de 10,000 fr.
et au - dessous, 5 fr. 40 c. par mille ; sur
l'excédant de 10,000 jusqu'à 50,000 francs,
2 fr. 70 c. par mille ; sur l'excédant de
50,000 jusqu'à 100,000 fr., 1 fr. 35 c. par
mille; et sur l'excédant de 100,000 fr. indéfiniment, 67 c. 1/2 par mille.

D 2

IV. POUR LES NOTAIRES DES JUSTICES DE PAIX.

Sur les sommes et valeurs de 10,000 fr. et au-dessous, 3 fr. 60 c. par mille ; sur l'excédant de 10,000 jusqu'à 50,000 francs, 1 fr. 80 c. par mille ; sur l'excédant de 50,000 jusqu'à 100,000 fr. , 90 c. par mille ; et sur l'excédant de 100,000 fr. indéfiniment, 45 centimes par mille.

Suit le tableau calculé d'après ces bases.

TABLEAU

POUR la perception des honoraires des Notaires, sur les actes de la seconde classe.

VALEURS des actes et contrats.	NOTAIRES des grandes villes.		NOTAIRES des cours d'appel.		NOTAIRES des tribunaux d'instance		NOTAIRES des justices de paix.	
francs.	f.	c.	f.	c.	f.	c.	f.	c.
100	«	80	»	72	»	54	«	36
200	1	60	1	44	1	08	«	72
300	2	40	2	16	1	62	1	08
400	3	20	2	88	2	16	1	44
500	4	«	3	60	2	70	1	80
600	4	80	4	32	3	24	2	16
700	5	60	5	04	3	78	2	52
800	6	40	5	76	4	32	2	88
900	7	20	6	48	4	86	3	24
1000	8	«	7	20	5	40	3	60
1100	8	80	7	92	5	94	3	96
1200	9	60	8	64	6	48	4	32
1300	10	40	9	36	7	02	4	68
1400	11	20	10	08	7	56	5	04
1500	12	«	10	80	8	10	5	40
1600	12	80	11	52	8	64	5	76
1700	13	60	12	24	9	18	6	12
1800	14	40	12	96	9	72	6	48
1900	15	20	13	68	10	26	6	84
2000	16	«	14	40	10	80	7	20
2100	16	80	15	12	11	34	7	56
2200	17	60	15	84	11	88	7	92
2300	18	40	16	56	12	42	8	28
2400	19	20	17	28	12	96	8	64
2500	20	«	18	«	13	50	9	«

VALEURS des actes et contrats.	NOTAIRES des grandes villes.		NOTAIRES des cours d'appel.		NOTAIRES des tribunaux d'instance.		NOTAIRES des justices de paix.	
francs.	f.	c.	f.	c.	f.	c.	f.	c.
2600	20	80	18	72	14	04	9	36
2700	21	60	19	44	14	58	9	72
2800	22	40	20	16	15	12	10	08
2900	23	20	20	88	15	66	10	44
3000	24	«	21	60	16	20	10	80
3100	24	80	22	32	16	74	11	16
3200	25	60	23	04	17	28	11	52
3300	26	40	23	76	17	82	11	88
3400	27	20	24	48	18	36	12	24
3500	28	«	25	20	18	90	12	60
3600	28	80	25	92	19	44	12	96
3700	29	60	26	64	19	98	13	32
3800	30	40	27	36	20	52	13	68
3900	31	20	28	08	21	06	14	04
4000	32	«	28	80	21	60	14	40
4100	32	80	29	52	22	14	14	76
4200	33	60	30	24	22	68	15	12
4300	34	40	30	96	23	22	15	48
4400	35	20	31	68	23	76	15	84
4500	36	«	32	40	24	30	16	20
4600	36	80	33	12	24	84	16	56
4700	37	60	33	84	25	38	16	92
4800	38	40	34	56	25	92	17	28
4900	39	20	35	28	26	46	17	64
5000	40	«	36	»	27	»	18	»
5100	40	80	36	72	27	54	18	36
5200	41	60	37	44	28	08	18	72
5300	42	40	38	16	28	62	19	08
5400	43	20	38	88	29	16	19	44
5500	44	«	39	60	29	70	19	80
5600	44	80	40	32	30	24	20	16

VALEURS des actes et contrats.	NOTAIRES des grandes villes.		NOTAIRES des cours d'appel.		NOTAIRES des tribunaux d'instance		NOTAIRES des justices de paix.	
francs.	f.	c.	f.	c.	f.	c.	f.	c.
5700	45	60	41	04	30	78	20	52
5800	46	40	41	76	31	32	20	88
5900	47	20	42	48	31	86	21	24
6000	48	»	43	20	32	40	21	60
6100	48	80	43	92	32	94	21	96
6200	49	60	44	64	33	48	22	32
6300	50	40	45	36	34	02	22	68
6400	51	20	46	08	34	56	23	04
6500	52	»	46	80	35	10	23	40
6600	52	80	47	52	35	64	23	76
6700	53	60	48	24	36	18	24	12
6800	54	40	48	96	36	72	24	48
6900	55	20	49	68	37	26	24	84
7000	56	»	50	40	37	80	25	20
7100	56	80	51	12	38	34	25	56
7200	57	60	51	84	38	88	25	92
7300	58	40	52	56	39	42	26	28
7400	59	20	53	28	39	96	26	64
7500	60	»	54	»	40	50	27	»
7600	60	80	54	72	41	04	27	36
7700	61	60	55	44	41	58	27	72
7800	62	40	56	16	42	12	28	08
7900	63	20	56	88	42	66	28	44
8000	64	»	57	60	43	20	28	80
8100	64	80	58	32	43	74	29	16
8200	65	60	59	04	44	28	29	52
8300	66	40	59	76	44	82	29	88
8400	67	20	60	48	45	36	30	24
8500	68	»	61	20	45	90	30	60
8600	68	80	61	92	46	44	30	96
8700	69	60	62	64	46	98	31	32

VALEURS des actes et contrats.	NOTAIRES des grandes villes.		NOTAIRES des cours d'appel.		NOTAIRES des tribunaux d'instance		NOTAIRES des justices de paix.	
francs.	f.	c.	f.	c.	f.	c.	f.	c.
8800	70	40	63	36	47	52	31	68
8900	71	20	64	08	48	06	32	04
9000	72	»	64	80	48	60	32	40
9100	72	80	65	52	49	14	32	76
9200	73	60	66	24	49	68	33	12
9300	74	40	66	96	50	22	33	48
9400	75	20	67	68	50	76	33	84
9500	76	»	68	40	51	30	34	20
9600	76	80	69	12	51	84	34	56
9700	77	60	69	84	52	38	34	92
9800	78	40	70	56	52	92	35	28
9900	79	20	71	28	53	46	35	64
10000	80	»	72	»	54	»	36	»
11000	84	»	75	60	56	70	37	80
12000	88	»	79	20	59	40	39	60
13000	92	»	82	80	62	10	41	40
14000	96	»	86	40	64	80	43	20
15000	100	»	90	»	67	50	45	»
16000	104	»	93	60	70	20	46	80
17000	108	»	97	20	72	90	48	60
18000	112	»	100	80	75	60	50	40
19000	116	»	104	40	78	30	52	20
20000	120	»	108	»	81	»	54	»
21000	124	»	111	60	83	70	55	80
22000	128	»	115	20	86	40	57	60
23000	132	»	118	80	89	10	59	40
24000	136	»	122	40	91	80	61	20
25000	140	»	126	»	94	50	63	»
26000	144	»	129	60	97	20	64	80
27000	148	»	133	20	99	90	66	60

Valeurs des actes et contrats.	Notaires des grandes villes.		Notaires des cours d'appel.		Notaires des tribunaux d'instance		Notaires des justices de paix.	
francs.	f.	c.	f.	c.	f.	c.	f.	c.
28000	152	»	136	80	102	60	68	40
29000	156	»	140	40	105	30	70	20
30000	160	»	144	»	108	»	72	»
31000	164	»	147	60	110	70	73	80
32000	168	»	151	20	113	40	75	60
33000	172	»	154	80	116	10	77	40
34000	176	»	158	40	118	80	79	20
35000	180	»	162	»	121	50	81	»
36000	184	»	165	60	124	20	82	80
37000	188	»	169	20	126	90	84	60
38000	192	»	172	80	129	60	86	40
39000	196	»	176	40	132	30	88	20
40000	200	»	180	»	135	»	90	»
41000	204	»	183	60	137	70	91	80
42000	208	»	187	20	140	40	93	60
43000	212	»	190	80	143	10	95	40
44000	216	»	194	40	145	80	97	20
45000	220	»	198	»	148	50	99	»
46000	224	»	201	60	151	20	100	80
47000	228	»	205	20	153	90	102	60
48000	232	»	208	80	156	60	104	40
49000	236	»	212	40	159	30	106	20
50000	240	»	216	»	162	»	108	»
51000	242	»	217	80	163	35	108	90
52000	244	»	219	60	164	70	109	80
53000	246	»	221	40	166	05	110	70
54000	248	»	223	20	167	40	111	60
55000	250	»	225	»	168	75	112	50
56000	252	»	226	80	170	10	113	40
57000	254	»	228	60	171	45	114	30

VALEURS des actes et contrats.	NOTAIRES des grandes villes.		NOTAIRES des cours d'appel.		NOTAIRES des tribunaux d'instance		NOTAIRES des justices de paix.	
francs.	f.	c.	f.	c.	f.	c.	f.	c.
58000	256	»	230	40	172	80	115	20
59000	258	»	232	20	174	15	116	10
60000	260	»	234	»	175	50	117	»
61000	262	»	235	80	176	85	117	90
62000	264	»	237	60	178	20	118	80
63000	266	»	239	40	179	55	119	70
64000	268	»	241	20	180	90	120	60
65000	270	»	243	»	182	25	121	50
66000	272	»	244	80	183	60	122	40
67000	274	«	246	60	184	95	123	30
68000	276	»	248	40	186	30	124	20
69000	278	»	250	20	187	65	125	10
70000	280	»	252	»	189	»	126	»
71000	282	»	253	80	190	35	126	90
72000	284	»	255	60	191	70	127	80
73000	286	»	257	40	193	05	128	70
74000	288	»	259	20	194	40	129	60
75000	290	»	261	»	195	75	130	50
76000	292	»	262	80	197	10	131	40
77000	294	»	264	60	198	45	132	30
78000	296	»	266	40	199	80	133	20
79000	298	»	268	20	201	15	134	10
80000	300	»	270	»	202	50	135	»
81000	302	»	271	80	203	85	135	90
82000	304	»	273	60	205	20	136	80
83000	306	»	275	40	206	55	137	70
84000	308	»	277	20	207	90	138	60
85000	310	»	279	»	209	25	139	50
86000	312	»	280	80	210	60	140	40
87000	314	»	282	60	211	95	141	30
88000	316	»	284	40	213	30	142	20

VALEURS des actes et contrats.	NOTAIRES des grandes villes.		NOTAIRES des cours d'appel.		NOTAIRES des tribunaux d'instance		NOTAIRES des justices de paix.	
francs.	f.	c.	f.	c.	f.	c.	f.	c.
89000	318	«	286	20	214	65	143	10
90000	320	»	288	»	216	»	144	»
91000	322	«	289	80	217	35	144	90
92000	324	»	291	60	218	70	145	80
93000	326	«	293	40	220	05	146	70
94000	328	»	295	20	221	40	147	60
95000	330	«	297	«	222	75	148	50
96000	332	»	298	80	224	10	149	40
97000	334	«	300	60	225	45	150	30
98000	336	»	302	40	226	80	151	20
99000	338	«	304	20	228	15	152	10
100000	340	»	306	«	229	50	153	«
110000	350	«	315	«	236	25	157	50
120000	360	»	324	»	243	»	162	»
130000	370	«	333	«	249	75	166	50
140000	380	»	342	«	256	50	171	«
150000	390	«	351	«	263	25	175	50
160000	400	»	360	»	270	»	180	»
170000	410	«	369	«	276	75	184	50
180000	420	»	378	«	283	50	189	«
190000	430	«	387	«	290	25	193	50
200000	440	»	396	»	297	»	198	»
300000	540	»	486	«	364	50	243	«
400000	640	»	576	»	432	»	288	»
500000	740	»	666	«	499	50	333	«
600000	840	»	756	»	567	»	378	»
700000	940	»	846	«	634	50	423	«
800000	1040	»	936	»	702	»	468	»
900000	1140	»	1026	«	769	50	513	«
1000000	1240	»	1116	»	837	»	558	»

~~~~~~~~~~~~~~~~~~~~~~

SUITE DES DROITS PROPORTIONNELS.

TROISIÈME CLASSE.

Les Actes compris dans la troisième classe, sont :

1.º Les constitutions, cessions ou transports de rentes perpétuelles et viagères.

2.º Les baux emphytéotiques et à vie, sur dix années de redevance seulement, sauf l'augmentation d'un quart, en raison des contributions, si le preneur en est tenu.

Seront réputés emphytéotiques ou baux à longues années, tous ceux qui excéderont neuf ans.

3.º Les transports, cessions et subrogations de créances, de droits ou d'actions sur des tiers, lorsqu'ils n'auront pas pour objet, et dans l'acte même, d'acquitter le prix d'une vente ou d'une constitution de rente.

4.º Les obligations avec entichrèse, celles avec hypothèque ou avec cautionnement, quel qu'en soit l'objet.

5.º Les partages anticipés et les donations SANS PRÉCIPUT, en ligne directe, et hors le contrat de mariage.

Nota. Sur les partages anticipés, les Notaires auront le choix entre le droit proportionnel fixé dans cette 3.ᵉ classe, et **le droit par vacation**, ci-après réglé pour les actes de partage ; s'ils préfèrent le droit proportionnel, ils devront se conformer, quant aux partages faits dans la forme des testamens, à ce qui sera dit plus loin, sur les testamens.

LES Droits à percevoir pour les actes de la troisième classe, seront :

I. POUR LES NOTAIRES DES GRANDES VILLES.

Sur les sommes et valeurs de 10,000 fr. et au-dessous, 6 fr. par mille; sur l'excédant de 10,000 jusqu'à 50,000 fr., 3 fr. par mille; sur l'excédant de 50,000 jusqu'à 100,000 fr., 1 fr. 50 c. par mille; et sur l'excédant de 100,000 fr. indéfiniment, 75 c. par mille.

II. POUR LES NOTAIRES DES COURS D'APPEL.

Sur les sommes et valeurs de 10,000 fr.

et au - dessous , 5 fr. 40 c. par mille ; sur l'excédant de 10,000 jusqu'à 50,000 fr. , 2 fr. 70 c. par mille ; sur l'excédant de 50,000 jusqu'à 100,000 fr. , 1 fr. 55 c. par mille ; et sur l'excédant de 100,000 fr. indéfiniment , 67 c. 1/2 par mille.

III. POUR LES NOTAIRES DES TRIBUNAUX D'INSTANCE.

Sur les sommes et valeurs de 10,000 fr. et au-dessous , 4 fr. par mille ; sur l'excédant de 10,000 jusqu'à 50,000 fr. , 2 fr. par mille; sur l'excédant de 50,000 jusqu'à 100,000 fr. , 1 fr. par mille; et sur l'excédant de 100,000 fr. indéfiniment, 50 c. par mille.

IV. POUR LES NOTAIRES DES JUSTICES DE PAIX.

Sur les sommes et valeurs de 10,000 fr. et au - dessous , 2 fr. 80 c. par mille ; sur l'excédant de 10,000 jusqu'à 50,000 fr. , 1 fr. 40 c. par mille ; sur l'excédant de 50,000 jusqu'à 100,000 fr. , 70 c. par mille ; et sur l'excédant de 100,000 fr. indéfiniment, 35 c. par mille.

Suit le tableau calculé sur ces bases.

TABLEAU

*POUR la perception des honoraires des Notaires,
sur les actes de la troisième classe.*

VALEURS des actes et contrats.	NOTAIRES des grandes villes.		NOTAIRES des cours d'appel.		NOTAIRES des tribunaux d'instance		NOTAIRES des justices de paix.	
francs.	f.	c.	f.	c.	f.	c.	f.	c.
100	«	60	»	54	»	40	«	28
200	1	20	1	08	»	80	«	56
300	1	80	1	62	1	20	»	84
400	2	40	2	16	1	60	1	12
500	3	«	2	70	2	»	1	40
600	3	60	3	24	2	40	1	68
700	4	20	3	78	2	80	1	96
800	4	80	4	32	3	20	2	24
900	5	40	4	86	3	60	2	52
1000	6	«	5	40	4	»	2	80
1100	6	60	5	94	4	40	3	08
1200	7	20	6	48	4	80	3	36
1300	7	80	7	02	5	20	3	64
1400	8	40	7	56	5	60	3	92
1500	9	«	8	10	6	»	4	20
1600	9	60	8	64	6	40	4	48
1700	10	20	9	18	6	80	4	76
1800	10	80	9	72	7	20	5	04
1900	11	40	10	26	7	60	5	32
2000	12	«	10	80	8	»	5	60
2100	12	60	11	34	8	40	5	88
2200	13	20	11	88	8	80	6	16
2300	13	80	12	42	9	20	6	44
2400	14	40	12	96	9	60	6	72
2500	15	«	13	50	10	»	7	«

Valeurs des actes et contrats.	Notaires des grandes villes.		Notaires des cours d'appel.		Notaires des tribunaux d'instance		Notaires des justices de paix.	
francs.	f.	c.	f.	c.	f.	c.	f.	c.
2600	15	60	14	04	10	40	7	28
2700	16	20	14	58	10	80	7	56
2800	16	80	15	12	11	20	7	84
2900	17	40	15	66	11	60	8	12
3000	18	«	16	20	12	»	8	40
3100	18	60	16	74	12	40	8	68
3200	19	20	17	28	12	80	8	96
3300	19	80	17	82	13	20	9	24
3400	20	40	18	36	13	60	9	52
3500	21	«	18	90	14	»	9	80
3600	21	60	19	44	14	40	10	08
3700	22	20	19	98	14	80	10	36
3800	22	80	20	52	15	20	10	64
3900	23	40	21	06	15	60	10	92
4000	24	«	21	60	16	»	11	20
4100	24	60	22	14	16	40	11	48
4200	25	20	22	68	16	80	11	76
4300	25	80	23	22	17	20	12	04
4400	26	40	23	76	17	60	12	32
4500	27	«	24	30	18	»	12	60
4600	27	60	24	84	18	40	12	88
4700	28	20	25	38	18	80	13	16
4800	28	80	25	92	19	20	13	44
4900	29	40	26	46	19	60	13	72
5000	30	«	27	»	20	»	14	»
5100	30	60	27	54	20	40	14	28
5200	31	20	28	08	20	80	14	56
5300	31	80	28	62	21	20	14	84
5400	32	40	29	16	21	60	15	12
5500	33	«	29	70	22	»	15	40
5600	33	60	30	24	22	40	15	68

Valeurs des actes et contrats.	Notaires des grandes villes.		Notaires des cours d'appel.		Notaires des tribunaux d'instance		Notaires des justices de paix.	
francs.	f.	c.	f.	c.	f.	c.	f.	c.
5700	34	20	30	78	22	80	15	96
5800	34	80	31	32	23	20	16	24
5900	35	40	31	86	23	60	16	52
6000	36	»	32	40	24	»	16	80
6100	36	60	32	94	24	40	17	08
6200	37	20	33	48	24	80	17	36
6300	37	80	34	02	25	20	17	64
6400	38	40	34	56	25	60	17	92
6500	39	»	35	10	26	»	18	20
6600	39	60	35	64	26	40	18	48
6700	40	20	36	18	26	80	18	76
6800	40	80	36	72	27	20	19	04
6900	41	40	37	26	27	60	19	32
7000	42	»	37	80	28	»	19	60
7100	42	60	38	34	28	40	19	88
7200	43	20	38	88	28	80	20	16
7300	43	80	39	42	29	20	20	44
7400	44	40	39	96	29	60	20	72
7500	45	»	40	50	30	»	21	»
7600	45	60	41	04	30	40	21	28
7700	46	20	41	58	30	80	21	56
7800	46	80	42	12	31	20	21	84
7900	47	40	42	66	31	60	22	12
8000	48	»	43	20	32	»	22	40
8100	48	60	43	74	32	40	22	68
8200	49	20	44	28	32	80	22	96
8300	49	80	44	82	33	20	23	24
8400	50	40	45	36	33	60	23	52
8500	51	»	45	90	34	»	23	80
8600	51	60	46	44	34	40	24	08
8700	52	20	46	98	34	80	24	36

Valeurs des actes et contrats.	Notaires des grandes villes.		Notaires des cours d'appel.		Notaires des tribunaux d'instance		Notaires des justices de paix.	
francs.	f.	c.	f.	c.	f.	c.	f.	c.
8800	52	80	47	52	35	20	24	64
8900	53	40	48	06	35	60	24	92
9000	54	»	48	60	36	«	25	20
9100	54	60	49	14	36	40	25	48
9200	55	20	49	68	36	80	25	76
9300	55	80	50	22	37	20	26	04
9400	56	40	50	76	37	60	26	32
9500	57	»	51	30	38	«	26	60
9600	57	60	51	84	38	40	26	88
9700	58	20	52	38	38	80	27	16
9800	58	80	52	92	39	20	27	44
9900	59	40	53	46	39	60	27	72
10000	60	»	54	»	40	»	28	»
11000	63	»	56	70	42	»	29	40
12000	66	»	59	40	44	»	30	80
13000	69	»	62	10	46	»	32	20
14000	72	»	64	80	48	»	33	60
15000	75	»	67	50	50	»	35	»
16000	78	»	70	20	52	»	36	40
17000	81	»	72	90	54	»	37	80
18000	84	»	75	60	56	»	39	20
19000	87	»	78	30	58	»	40	60
20000	90	»	81	»	60	»	42	»
21000	93	»	83	70	62	»	43	40
22000	96	»	86	40	64	»	44	80
23000	99	»	89	10	66	»	46	20
24000	102	»	91	80	68	»	47	60
25000	105	»	94	50	70	»	49	»
26000	108	»	97	20	72	»	50	40
27000	111	»	99	90	74	»	51	80

VALEURS des actes et contrats.	NOTAIRES des grandes villes.		NOTAIRES des cours d'appel.		NOTAIRES des tribunaux d'instance.		NOTAIRES des justices de paix.	
francs.	f.	c.	f.	c.	f.	c.	f.	c.
28000	114	»	102	60	76	»	53	20
29000	117	»	105	30	58	»	54	60
30000	120	»	108	»	80	»	56	»
31000	123	»	110	70	82	»	57	40
32000	126	»	113	40	84	»	58	80
33000	129	»	116	10	86	»	60	20
34000	132	»	118	80	88	»	61	60
35000	135	»	121	50	90	»	63	»
36000	138	»	124	20	92	»	64	40
37000	141	»	126	90	94	»	65	80
38000	144	»	129	60	96	»	67	20
39000	147	»	132	30	98	»	68	60
40000	150	»	135	»	100	»	70	»
41000	153	»	137	70	102	»	71	40
42000	156	»	140	40	104	»	72	80
43000	159	»	143	10	106	»	74	20
44000	162	»	145	80	108	»	75	60
45000	165	»	148	50	110	»	77	»
46000	168	»	151	20	112	»	78	40
47000	171	»	153	90	114	»	79	80
48000	174	»	156	60	116	»	81	20
49000	177	»	159	30	118	»	82	60
50000	180	»	162	«	120	»	84	»
51000	181	50	163	35	121	»	84	70
52000	183	»	164	70	122	»	85	40
53000	184	50	166	05	123	»	86	10
54000	186	»	167	40	124	»	86	80
55000	187	50	168	75	125	»	87	50
56000	189	»	170	10	126	»	88	20
57000	190	50	171	45	127	»	88	90

VALEURS des actes et contrats.	NOTAIRES des grandes villes.		NOTAIRES des cours d'appel.		NOTAIRES des tribunaux d'instance		NOTAIRES des justices de paix.	
francs.	f.	c.	f.	c.	f.	c.	f.	c.
58000	192	»	172	80	128	»	89	60
59000	193	50	174	15	129	»	90	30
60000	195	»	175	50	130	»	91	»
61000	196	50	176	85	131	»	91	70
62000	198	»	178	20	132	»	92	40
63000	199	50	179	55	133	»	93	10
64000	201	»	180	90	134	»	93	80
65000	202	50	182	25	135	»	94	50
66000	204	»	183	60	136	»	95	20
67000	205	50	184	95	137	»	95	90
68000	207	»	186	30	138	»	96	60
69000	208	50	187	65	139	»	97	30
70000	210	»	189	»	140	»	98	»
71000	211	50	190	35	141	»	98	70
72000	213	»	191	70	142	»	99	40
73000	214	50	193	05	143	»	100	10
74000	216	»	194	40	144	»	100	80
75000	217	50	195	75	145	»	101	50
76000	219	»	197	10	146	»	102	20
77000	220	50	198	45	147	»	102	90
78000	222	»	199	80	148	»	103	60
79000	223	50	201	15	149	»	104	30
80000	225	»	202	50	150	»	105	»
81000	226	50	203	85	151	»	105	70
82000	228	»	205	20	152	»	106	40
83000	229	50	206	55	153	»	107	10
84000	231	»	207	90	154	»	107	80
85000	232	50	209	25	155	»	108	50
86000	234	»	210	60	156	»	109	20
87000	235	50	211	95	157	»	109	90
88000	237	»	213	30	158	»	110	60

VALEURS des actes et contrats.	NOTAIRES des grandes villes.		NOTAIRES des cours d'appel.		NOTAIRES des tribunaux d'instance		NOTAIRES des justices de paix.	
francs.	f.	c.	f.	c.	f.	c.	f.	c.
89000	238	50	214	65	159	»	111	30
90000	240	»	216	»	160	»	112	»
91000	241	50	217	35	161	»	112	70
92000	243	»	218	70	162	»	113	40
93000	244	50	220	05	163	»	114	10
94000	246	»	221	40	164	»	114	80
95000	247	50	222	75	165	»	115	50
96000	249	»	224	10	166	»	116	20
97000	250	50	225	45	167	»	116	90
98000	252	»	226	80	168	»	117	60
99000	253	50	228	15	169	»	118	30
100000	255	»	229	50	170	»	119	«
110000	262	50	236	25	175	«	122	50
120000	270	»	243	»	180	«	126	»
130000	277	50	249	75	185	«	129	50
140000	285	»	256	50	190	»	133	«
150000	292	50	263	25	195	»	136	50
160000	300	»	270	»	200	»	140	»
170000	307	50	276	75	205	»	143	50
180000	315	»	283	50	210	»	147	«
190000	322	50	290	25	215	»	150	50
200000	330	»	297	»	220	»	154	»
300000	405	»	364	50	270	»	189	«
400000	480	»	432	»	320	»	224	»
500000	555	»	499	50	370	»	259	«
600000	630	»	567	»	420	»	294	»
700000	705	»	634	50	470	»	329	«
800000	780	»	702	»	520	«	364	»
900000	855	»	769	50	570	»	399	«
1000000	930	»	837	»	620	»	434	»

~~~~~~

SUITE DES DROITS PROPORTIONNELS.

QUATRIÈME CLASSE.

LES Actes compris dans la quatrième classe, sont :

1.° Les obligations sans hypothèque.

2.° Les marchés d'ouvriers, d'entreprises, etc.

3.° Les baux à cheptel, sur l'estimation donnée au cheptel.

4.° Les apprentissages à prix d'argent.

5.° Les actes de concordat, ou contrats d'atermoyement sur les sommes promises, lors même qu'il y auroit stipulation d'hypothèques.

6.° Les titres nouvels.

Nota. Le titre nouvel prenant ordinairement beaucoup de temps soit pour lire et déchiffrer les anciens contrats, soit pour rechercher la généalogie des parties ou de leurs ayant-droits, les Notaires auront le choix, pour la perception de leurs honoraires, ou de prendre pour base les sommes portées dans lesdits contrats, en percevant sur ces sommes le droit proportionnel, ou de compter les vacations au taux réglé plus loin; dans aucun cas il ne sera perçu moins d'une demi-vacation, expédition non comprise.

———

Les Droits à percevoir pour les actes de la quatrième classe, seront;

I. POUR LES NOTAIRES DES GRANDES VILLES.

Sur les sommes et valeurs de 10,000 fr. et au-dessous, 4 fr. par mille; sur l'excédant de 10,000 jusqu'à 50,000 fr., 2 fr. par mille; sur l'excédant de 50,000 jusqu'à 100,000 fr., 1 fr. par mille; et sur l'excédant de 100,000 fr. indéfiniment, 50 c. par mille.

II. POUR LES NOTAIRES DES COURS D'APPEL.

Sur les sommes et valeurs de 10,000 fr. et au-dessous, 3 fr. 60 c. par mille; sur l'excédant de 10,000 jusqu'à 50,000 fr., 1 fr. 80 c. par mille; sur l'excédant de 50,000

Valeurs des actes et contrats.	Notaires des grandes villes.		Notaires des cours d'appel.		Notaires des tribunaux d'instance		Notaires des justices de paix.	
francs.	f.	c.	f.	c.	f.	c.	f.	c.
2600	10	40	9	36	7	28	5	20
2700	10	80	9	72	7	56	5	40
2800	11	20	10	08	7	84	5	60
2900	11	60	10	44	8	12	5	80
3000	12	«	10	80	8	40	6	«
3100	12	40	11	16	8	68	6	20
3200	12	80	11	52	8	96	6	40
3300	13	20	11	88	9	24	6	60
3400	13	60	12	24	9	52	6	80
3500	14	«	12	60	9	80	7	»
3600	14	40	12	96	10	08	7	20
3700	14	80	13	32	10	36	7	40
3800	15	20	13	68	10	64	7	60
3900	15	60	14	04	10	92	7	80
4000	16	«	14	40	11	20	8	»
4100	16	40	14	76	11	48	8	20
4200	16	80	15	12	11	76	8	40
4300	17	20	15	48	12	04	8	60
4400	17	60	15	84	12	32	8	80
4500	18	«	16	20	12	60	9	»
4600	18	40	16	56	12	88	9	20
4700	18	80	16	92	13	16	9	40
4800	19	20	17	28	13	44	9	60
4900	19	60	17	64	13	72	9	80
5000	20	«	18	»	14	»	10	»
5100	20	40	18	36	14	28	10	20
5200	21	«	18	72	14	56	10	40
5300	21	20	19	08	14	84	10	60
5400	21	60	19	44	15	12	10	80
5500	22	«	19	80	15	40	11	»
5600	22	40	20	16	15	68	11	20

Valeurs des actes et contrats.	Notaires des grandes villes.	Notaires des cours d'appel.	Notaires des tribunaux d'instance	Notaires des justices de paix.
francs.	f. c.	f. c.	f. c.	f. c.
5700	22 80	20 52	15 96	11 40
5800	23 20	20 88	16 24	11 60
5900	23 60	21 24	16 52	11 80
6000	24 »	21 60	16 80	12 »
6100	24 40	21 96	17 08	12 20
6200	24 80	22 32	17 36	12 40
6300	25 20	22 68	17 64	12 60
6400	25 60	23 04	17 92	12 80
6500	26 »	23 40	18 20	13 »
6600	26 40	23 76	18 48	13 20
6700	26 80	24 12	18 76	13 40
6800	27 20	24 48	19 04	13 60
6900	27 60	24 84	19 32	13 80
7000	28 »	25 20	19 60	14 »
7100	28 40	25 56	19 88	14 20
7200	28 80	25 92	20 16	14 40
7300	29 20	26 28	20 44	14 60
7400	29 60	26 64	20 72	14 80
7500	30 »	27 »	21 »	15 »
7600	30 40	27 36	21 28	15 20
7700	30 80	27 72	21 56	15 40
7800	31 20	28 08	21 84	15 60
7900	31 60	28 44	22 12	15 80
8000	32 »	28 80	22 40	16 »
8100	32 40	29 16	22 68	16 20
8200	32 80	29 52	22 96	16 40
8300	33 20	29 88	23 24	16 60
8400	33 60	30 24	23 52	16 80
8500	34 »	30 60	23 80	17 »
8600	34 40	30 96	24 08	17 20
8700	34 80	31 32	24 36	17 40

VALEURS des actes et contrats.	NOTAIRES des grandes villes.		NOTAIRES des cours d'appel.		NOTAIRES des tribunaux d'instance.		NOTAIRES des justices de paix.	
francs.	f.	c.	f.	c.	f.	c.	f.	c.
8800	35	20	31	68	24	64	17	60
8900	35	60	32	04	24	92	17	80
9000	36	»	32	40	25	20	18	»
9100	36	40	32	76	25	48	18	20
9200	36	80	33	12	25	76	18	40
9300	37	20	33	48	26	04	18	60
9400	37	60	33	84	26	32	18	80
9500	38	»	34	20	26	60	19	»
9600	38	40	34	56	26	88	19	20
9700	38	80	34	92	27	16	19	40
9800	39	20	35	28	27	44	19	60
9900	39	60	35	64	27	72	19	80
10000	40	»	36	»	28	»	20	»
11000	42	»	37	80	29	40	21	»
12000	44	»	39	60	30	80	22	»
13000	46	»	41	40	32	20	23	»
14000	48	»	43	20	33	60	24	»
15000	50	»	45	»	35	»	25	»
16000	52	»	46	80	36	40	26	»
17000	54	»	48	60	37	80	27	»
18000	56	»	50	40	39	20	28	»
19000	58	»	52	20	40	60	29	»
20000	60	»	54	»	42	»	30	»
21000	62	»	55	80	43	40	31	»
22000	64	»	57	60	44	80	32	»
23000	66	»	59	40	46	20	33	»
24000	68	»	61	20	47	60	34	»
25000	70	»	63	»	49	»	35	»
26000	72	»	64	80	50	40	36	»
27000	74	»	66	60	51	80	37	»

VALEURS des actes et contrats.	NOTAIRES des grandes villes.		NOTAIRES des cours d'appel.		NOTAIRES des tribunaux d'instance		NOTAIRES des justices de paix.	
francs.	f.	c.	f.	c.	f.	c.	f.	c.
28000	76	»	68	40	53	20	38	»
29000	78	»	70	20	54	60	39	»
30000	80	»	72	»	56	»	40	»
31000	82	»	73	80	57	40	41	»
32000	84	»	75	60	58	80	42	»
33000	86	»	77	40	60	20	43	»
34000	88	»	79	20	61	60	44	»
35000	90	»	81	»	63	»	45	»
36000	92	»	82	80	64	40	46	»
37000	94	»	84	60	65	80	47	»
38000	96	»	86	40	67	20	48	»
39000	98	»	88	20	68	60	49	»
40000	100	»	90	»	70	»	50	»
41000	102	»	91	80	71	40	51	»
42000	104	»	93	60	72	80	52	»
43000	106	»	95	40	74	20	53	»
44000	108	»	97	20	75	60	54	»
45000	110	»	99	»	77	»	55	»
46000	112	»	100	80	78	40	56	»
47000	114	»	102	60	79	80	57	»
48000	116	»	104	40	81	20	58	»
49000	118	»	106	20	82	60	59	»
50000	120	»	108	»	84	»	60	»
51000	121	»	108	90	84	70	60	50
52000	122	»	109	80	85	40	61	»
53000	123	»	110	70	86	10	61	50
54000	124	»	111	60	86	80	62	»
55000	125	»	112	50	87	50	62	50
56000	126	»	113	40	88	20	63	»
57000	127	»	114	30	88	90	63	50

VALEURS des actes et contrats.	NOTAIRES des grandes villes.		NOTAIRES des cours d'appel.		NOTAIRES des tribunaux d'instance		NOTAIRES des justices de paix.	
francs.	f.	c.	f.	c.	f.	c.	f.	c.
58000	128	»	115	20	89	60	64	»
59000	129	»	116	10	90	30	64	50
60000	130	»	117	»	91	»	65	»
61000	131	»	117	90	91	70	65	50
62000	132	»	118	80	92	40	66	»
63000	133	»	119	70	93	10	66	50
64000	134	»	120	60	93	80	67	»
65000	135	»	121	50	94	50	67	50
66000	136	»	122	40	95	20	68	»
67000	137	»	123	30	95	90	68	50
68000	138	»	124	20	96	60	69	»
69000	139	»	125	10	97	30	69	50
70000	140	»	126	»	98	»	70	»
71000	141	»	126	90	98	70	70	50
72000	142	»	127	80	99	40	71	»
73000	143	»	128	70	100	10	71	50
74000	144	»	129	60	100	80	72	»
75000	145	»	130	50	101	50	72	50
76000	146	»	131	40	102	20	73	»
77000	147	»	132	30	102	90	73	50
78000	148	»	133	20	103	60	74	»
79000	149	»	134	10	104	30	74	50
80000	150	»	135	»	105	»	75	»
81000	151	»	135	90	105	70	75	50
82000	152	»	136	80	106	40	76	»
83000	153	»	137	70	107	10	76	50
84000	154	»	138	60	107	80	77	»
85000	155	»	139	50	108	50	77	50
86000	156	»	140	40	109	20	78	»
87000	157	»	141	30	109	90	78	50
88000	158	»	142	20	110	60	79	»

VALEURS des actes et contrats.	NOTAIRES des grandes villes.		NOTAIRES des cours d'appel.		NOTAIRES des tribunaux d'instance		NOTAIRES des justices de paix.	
francs.	f.	c.	f.	c.	f.	c.	f.	c.
89000	159	»	143	10	111	30	79	50
90000	160	»	144	»	112	»	80	»
91000	161	»	144	90	112	70	80	50
92000	162	»	145	80	113	40	81	»
93000	163	»	146	70	114	10	81	50
94000	164	»	147	60	114	80	82	»
95000	165	»	148	50	115	50	82	50
96000	166	»	149	40	116	20	83	»
97000	167	»	150	30	116	90	83	50
98000	168	»	151	20	117	60	84	»
99000	169	»	152	10	118	30	84	50
100000	170	»	153	»	119	»	85	»
110000	175	»	157	50	122	50	87	50
120000	180	»	162	»	126	»	90	»
130000	185	»	166	50	129	50	92	50
140000	190	»	171	»	133	»	95	»
150000	195	»	175	50	136	50	97	50
160000	200	»	180	»	140	»	100	»
170000	205	»	184	50	143	50	102	50
180000	210	»	189	»	147	»	105	»
190000	215	»	193	50	150	50	107	50
200000	220	»	198	»	154	»	110	»
300000	270	»	243	»	189	»	135	»
400000	320	»	288	»	224	»	160	»
500000	370	»	333	»	259	»	185	»
600000	420	»	378	»	294	»	210	»
700000	470	»	423	»	329	»	235	»
800000	520	»	468	»	364	»	260	»
900000	570	»	513	»	399	»	285	»
1000000	620	»	558	»	434	»	310	»

~~~~~~~~~~~~~~~~~~~~~~~~~~~~~~~~

SUITE DES DROITS PROPORTIONNELS.

————◆◆◆◆◆◆————

CINQUIÈME CLASSE.

—————————

Les actes compris dans la cinquième classe,
sont :

1.° Les associations commerciales ou le
contrat de société, sur le montant des mises ;

2.° Les associations conjugales ou le contrat
de mariage, sous quelque régime que ce soit,
en se conformant à la note qui se trouve à la
suite des tableaux ;

3.° Les baux à ferme et à loyer, sur le
prix cumulé de toutes les années, augmenté
du quart, si le fermier est tenu de payer
les contributions foncières à la décharge du
laissant ;

4.° Les cessions et résilimens desdits baux ;

5.° Les cautionnemens de sommes ou de
valeurs connues et déterminées, faits par
actes particuliers ;

6.° Les ratifications non promises, équiva-
lentes à cautionnement ;

7.º Les quittances et autres actes de libération.

LES Droits à percevoir pour les actes de
la cinquième classe, seront :

I. POUR LES NOTAIRES DES GRANDES VILLES.

Sur les sommes et valeurs de 10,000 francs
et au-dessous, 2 fr. par mille ; sur l'excédant
de 10,000 francs jusqu'à 50,000 , 1 franc par
mille ; sur l'excédant de 50,000 francs jusqu'à
100,000 , 50 centimes par mille ; et sur l'excédant de 100,000 francs , indéfiniment , 25 c.
par mille.

II. POUR LES NOTAIRES DES COURS D'APPEL.

Sur les sommes et valeurs de 10,000 fr.
et au - dessous , 1 fr. 80 c. par mille ; sur
l'excédant de 10,000 fr. jusqu'à 50,000 , 90 c.
par mille ; sur l'excédant de 50.000 francs
jusqu'à 100,000 , 45 c. par mille ; et sur
l'excédant de 100,000 francs , indéfiniment ,
22 c. 1/2 par mille.

III. POUR LES NOTAIRES DES TRIBUNAUX
D'INSTANCE.

Sur les sommes et valeurs de 10,000 fr.

H

et au-dessous , 1 fr. 40 c. par mille ; sur l'excédant de 10,000 francs jusqu'à 50,000, 70 c. par mille ; sur l'excédant de 50,000 jusqu'à 100,000 fr., 35 c. par mille ; et sur l'excédant de 100,000 francs , indéfiniment, 17 c. 1/2 par mille.

IV. POUR LES NOTAIRES DES JUSTICES DE PAIX.

Sur les sommes et valeurs de 10,000 francs et au-dessous, 1 fr. par mille ; sur l'excédant de 10,000 francs jusqu'à 50,000, 50 c. par mille ; sur l'excédant de 50,000 francs jusqu'à 100,000, 25 c. par mille ; et sur l'excédant de 100,000 francs , indéfiniment, 12 c. 1/2 par mille.

Suit le tableau calculé d'après ces bases.

TABLEAU

*Pour la perception des honoraires des Notaires,
sur les actes de la cinquième classe.*

VALEURS des actes et contrats.	NOTAIRES des grandes villes.		NOTAIRES des cours d'appel.		NOTAIRES des tribunaux d'instance		NOTAIRES des justices de paix.	
francs.	f.	c.	f.	c.	f.	c.	f.	c.
100	»	20	»	18	»	14	«	10
200	»	40	»	36	»	28	«	20
300	»	60	»	54	»	42	»	30
400	»	80	»	72	»	56	«	40
500	1	«	»	90	»	70	»	50
600	1	20	1	08	»	84	»	60
700	1	40	1	26	»	98	»	70
800	1	60	1	44	1	12	»	80
900	1	80	1	62	1	26	»	90
1.000	2	«	1	80	1	40	1	»
1.100	2	20	1	98	1	54	1	10
1200	2	40	2	16	1	68	1	20
1300	2	60	2	34	1	82	1	30
1400	2	80	2	52	1	96	1	40
1500	3	»	2	70	2	10	1	50
1600	3	20	2	88	2	24	1	60
1700	3	40	3	06	2	38	1	70
1800	3	60	3	24	2	52	1	80
1900	3	80	3	42	2	66	1	90
2000	4	»	3	60	2	80	2	»
2100	4	20	3	78	2	94	2	10
2200	4	40	3	96	3	08	2	20
2300	4	60	4	14	3	22	2	30
2400	4	80	4	32	3	36	2	40
2500	5	»	4	50	3	50	2	50

(76)

VALEURS des actes et contrats.	NOTAIRES des grandes villes.		NOTAIRES des cours d'appel.		NOTAIRES des tribunaux d'instance		NOTAIRES des justices de paix.	
francs.	f.	c.	f.	c.	f.	c.	f.	c.
2600	5	20	4	68	3	64	2	60
2700	5	40	4	86	3	78	2	70
2800	5	60	5	04	3	92	2	80
2900	5	80	5	22	4	06	2	90
3000	6	"	5	40	4	20	3	"
3100	6	20	5	58	4	34	3	10
3200	6	40	5	76	4	48	3	20
3300	6	60	5	94	4	62	3	30
3400	6	80	6	12	4	76	3	40
3500	7	"	6	30	4	90	3	50
3600	7	20	6	48	5	04	3	60
3700	7	40	6	66	5	18	3	70
3800	7	60	6	84	5	32	3	80
3900	7	80	7	02	5	46	3	90
4000	8	"	7	20	5	60	4	"
4100	8	20	7	38	5	74	4	10
4200	8	40	7	56	5	88	4	20
4300	8	60	7	74	6	02	4	30
4400	8	80	7	92	6	16	4	40
4500	9	"	8	10	6	30	4	50
4600	9	20	8	28	6	44	4	60
4700	9	40	8	46	6	58	4	70
4800	9	60	8	64	6	72	4	80
4900	9	80	8	82	6	86	4	90
5000	10	"	9	"	7	"	5	"
5100	10	20	9	18	7	14	5	10
5200	10	40	9	36	7	28	5	20
5300	10	60	9	54	7	42	5	30
5400	10	80	9	72	7	56	5	40
5500	11	"	9	90	7	70	5	50
5600	11	20	10	08	7	84	5	60

VALEURS des actes et contrats.	NOTAIRES des grandes villes.		NOTAIRES des cours d'appel.		NOTAIRES des tribunaux d'instance		NOTAIRES des justices de paix.	
francs.	f.	c.	f.	c.	f.	c.	f.	c.
5700	11	40	10	26	7	98	5	70
5800	11	60	10	44	8	12	5	80
5900	11	80	10	62	8	26	5	90
6000	12	»	10	80	8	40	6	»
6100	12	20	10	98	8	54	6	10
6200	12	40	11	16	8	68	6	20
6300	12	60	11	34	8	82	6	30
6400	12	80	11	52	8	96	6	40
6500	13	»	11	70	9	10	6	50
6600	13	20	11	88	9	24	6	60
6700	13	40	12	06	9	38	6	70
6800	13	60	12	24	9	52	6	80
6900	13	80	12	42	9	66	6	90
7000	14	»	12	60	9	80	7	»
7100	14	20	12	78	9	94	7	10
7200	14	40	12	96	10	08	7	20
7300	14	60	13	14	10	22	7	30
7400	14	80	13	32	10	36	7	40
7500	15	»	13	50	10	50	7	50
7600	15	20	13	68	10	64	7	60
7700	15	40	13	86	10	78	7	70
7800	15	60	14	04	10	92	7	80
7900	15	80	14	22	11	06	7	90
8000	16	»	14	40	11	20	8	»
8100	16	20	14	58	11	34	8	10
8200	16	40	14	76	11	48	8	20
8300	16	60	14	94	11	62	8	30
8400	16	80	15	12	11	76	8	40
8500	17	»	15	30	11	90	8	50
8600	17	20	15	48	12	04	8	60
8700	17	40	15	66	12	18	8	70

VALEURS des actes et contrats.	NOTAIRES des grandes villes.		NOTAIRES des cours d'appel.		NOTAIRES des tribunaux d'instance		NOTAIRES des justices de paix.	
francs.	f.	c.	f.	c.	f.	c.	f.	c.
8800	17	60	15	84	12	32	8	80
8900	17	80	16	02	12	46	8	90
9000	18	»	16	20	12	60	9	»
9100	18	20	16	38	12	74	9	10
9200	18	40	16	56	12	88	9	20
9300	18	60	16	74	13	02	9	30
9400	18	80	16	92	13	16	9	40
9500	19	»	17	10	13	30	9	50
9600	19	20	17	28	13	44	9	60
9700	19	40	17	46	13	58	9	70
9800	19	60	17	64	13	72	9	80
9900	19	80	17	82	13	86	9	90
10000	20	»	18	»	14	»	10	»
11000	21	»	18	90	14	70	10	50
12000	22	»	19	80	15	40	11	»
13000	23	»	20	70	16	10	11	50
14000	24	»	21	60	16	80	12	»
15000	25	»	22	50	17	50	12	50
16000	26	»	23	40	18	20	13	»
17000	27	»	24	30	18	90	13	50
18000	28	»	25	20	19	60	14	»
19000	29	»	26	10	20	30	14	50
20000	30	»	27	»	21	»	15	»
21000	31	»	27	90	21	70	15	50
22000	32	»	28	80	22	40	16	»
23000	33	»	29	70	23	10	16	50
24000	34	»	30	60	23	80	17	»
25000	35	»	31	50	24	50	17	50
26000	36	»	32	40	25	20	18	»
27000	37	»	33	30	25	90	18	50

VALEURS des actes et contrats.	NOTAIRES des grandes villes.		NOTAIRES des cours d'appel.		NOTAIRES des tribunaux d'instance		NOTAIRES des justices de paix.	
francs.	f.	c.	f.	c.	f.	c.	f.	c.
28000	38	»	34	20	26	60	19	»
29000	39	»	35	10	27	30	19	50
30000	40	»	36	»	28	»	20	»
31000	41	»	36	90	28	70	20	50
32000	42	»	37	80	29	40	21	»
33000	43	»	38	70	30	10	21	50
34000	44	»	39	60	30	80	22	»
35000	45	»	40	50	31	50	22	50
36000	46	»	41	40	32	20	23	»
37000	47	»	42	30	32	90	23	50
38000	48	»	43	20	33	60	24	»
39000	49	»	44	10	34	30	24	50
40000	50	»	45	»	35	»	25	»
41000	51	»	45	90	35	70	25	50
42000	52	»	46	80	36	40	26	»
43000	53	»	47	70	37	10	26	50
44000	54	»	48	60	37	80	27	»
45000	55	»	49	50	38	50	27	50
46000	56	»	50	40	39	20	28	»
47000	57	»	51	30	39	90	28	50
48000	58	»	52	20	40	60	29	»
49000	59	»	53	10	41	30	29	50
50000	60	»	54	»	42	»	30	»
51000	60	50	54	45	42	35	30	25
52000	61	»	54	90	42	70	30	50
53000	61	50	55	35	43	05	30	75
54000	62	»	55	80	43	40	31	»
55000	62	50	56	25	43	75	31	25
56000	63	»	56	70	44	10	31	50
57000	63	50	57	15	44	45	31	75

VALEURS des actes et contrats.	NOTAIRES des grandes villes.		NOTAIRES des cours d'appel.		NOTAIRES des tribunaux d'instance		NOTAIRES des justices de paix.	
francs.	f.	c.	f.	c.	f.	c.	f.	c.
58000	64	»	57	60	44	80	32	»
59000	64	50	58	05	45	15	32	25
60000	65	»	58	50	45	50	32	50
61000	65	50	58	95	45	85	32	75
62000	66	»	59	40	46	20	33	»
63000	66	50	59	85	46	55	33	25
64000	67	»	60	30	46	90	33	50
65000	67	50	60	75	47	25	33	75
66000	68	»	61	20	47	60	34	»
67000	68	50	61	65	47	95	34	25
68000	69	»	62	10	48	30	34	50
69000	69	50	62	55	48	65	34	75
70000	70	»	63	»	49	»	35	»
71000	70	50	63	45	49	35	35	25
72000	71	»	63	90	49	70	35	50
73000	71	50	64	35	50	05	35	75
74000	72	»	64	80	50	40	36	»
75000	72	50	65	25	50	75	36	25
76000	73	»	65	70	51	10	36	50
77000	73	50	66	15	51	45	36	75
78000	74	»	66	60	51	80	37	»
79000	74	50	67	05	52	15	37	25
80000	75	»	67	50	52	50	37	50
81000	75	50	67	95	52	85	37	75
82000	76	»	68	40	53	20	38	»
83000	76	50	68	85	53	55	38	25
84000	77	»	69	30	53	90	38	50
85000	77	50	69	75	54	25	38	75
86000	78	»	70	20	54	60	39	»
87000	78	50	70	65	54	95	39	25
88000	79	»	71	10	55	30	39	50

VALEURS des actes et contrats.	NOTAIRES des grandes villes.		NOTAIRES des cours d'appel.		NOTAIRES des tribunaux d'instance		NOTAIRES des justices de paix.	
francs.	f.	c.	f.	c.	f.	c.	f.	c.
89000	79	50	71	55	55	65	39	75
90000	80	»	72	»	56	»	40	»
91000	80	50	72	45	56	35	40	25
92000	81	»	72	90	56	70	40	50
93000	81	50	73	35	57	05	40	75
94000	82	»	73	80	57	40	41	»
95000	82	50	74	25	57	75	41	25
96000	83	»	74	70	58	10	41	50
97000	83	50	75	15	58	45	41	75
98000	84	»	75	60	58	80	42	«
99000	84	50	76	05	59	15	42	25
100000	85	»	76	50	59	50	42	50
110000	87	50	78	75	61	25	43	75
120000	90	»	81	«	63	«	45	»
130000	92	50	83	25	64	75	46	25
140000	95	»	85	50	66	50	47	50
150000	97	50	87	75	68	25	48	75
160000	100	»	90	»	70	»	50	»
170000	102	50	92	25	71	75	51	25
180000	105	»	94	50	73	50	52	50
190000	107	50	96	75	75	25	53	75
200000	110	»	99	»	77	»	55	»
300000	135	»	121	50	94	50	67	50
400000	160	»	144	»	112	»	80	»
500000	185	»	166	50	129	50	92	50
600000	210	»	189	»	147	»	105	«
700000	235	»	211	50	164	50	117	50
800000	260	»	234	»	182	«	130	»
900000	285	»	256	50	199	50	142	50
1000000	310	»	279	»	217	»	155	»

OBSERVATIONS

*SUR la perception du droit proportionnel
en général.*

LA perception du droit proportionnel
suivra les sommes et valeurs de 100 francs
en 100 francs inclusivement et sans fraction
jusqu'à 100,000 francs.

Au-dessus de 100,000 francs, on ne suivra
les sommes et valeurs que de 1000 francs en
1000 francs , aussi inclusivement et sans
fraction.

Les tableaux n'étant formés de 100 fr. en
100 fr. que jusqu'à 10,000 fr. , au-dessus
de laquelle somme ils ne sont plus que de
1000 fr. en 1000 fr. , il sera nécessaire ,
lorsque les sommes et valeurs excéderont
10,000 fr., et qu'elles ne seront pas de TANT
de mille francs exactement et sans fraction ,
il sera nécessaire, dis-je, d'ajouter aux honoraires déterminés dans les tableaux pour
les sommes rondes par 1000 francs , ceux
dûs pour la fraction au - dessous de 1000
francs. Mais cette opération sera toute

simple : comme on trouve en tête de chaque
tableau le droit à percevoir par chaque
mille , depuis 10,000 à 50,000 , et depuis
50,000 à 100,000 , il sera facile de prendre
le dixième de ce droit, en reculant la virgule
d'un chiffre vers la gauche , ce qui donnera
le droit dû par chaque cent ; ce droit , pris
autant de fois qu'il y aura de cents dans la
fraction , sera celui à ajouter aux honoraires
donnés par le tableau pour la somme principale. Au-dessus de 100,000 fr. il n'y aura
plus à calculer que par mille fr. , ce qui
sera plus facile encore : il suffira, en ce cas,
de prendre en tête du tableau dont il s'agira,
la somme attribuée à chaque mille francs
pour les valeurs au - dessus de 100,000 ,
autant de fois que de mille francs il y aura
au - dessus de ce qui sera trouvé dans ledit
tableau , et de faire une simple addition.

Toutes les fois qu'il s'agira , dans les actes
susceptibles du droit proportionnel , d'usufruit ou jouissance , de rente ou pension
viagère, les droits en seront calculés sur un
capital formé de dix fois la valeur de l'usufruit , de la pension ou de la rente viagère ,
si le capital n'en est pas connu et déterminé
par l'acte même.   I 2

Lorsqu'un acte de l'une des quatre dernières classes aura présenté de grandes difficultés ou occasionné un travail extraordinaire,
les Notaires pourront en régler les honoraires
sur la classe immédiatement supérieure, si
mieux ils n'aiment traiter de gré à gré avec
les parties, ou s'adresser, ainsi qu'il a déjà
été dit, au tribunal de leur arrondissement,
comme l'indique la loi du 25 ventôse an
11, et le tarif des frais et dépens.

OBSERVATIONS

Sur la perception des droits proportionnels
pour quelques actes en particulier.

1.° Pour les Donations et Testamens.

On n'a pas cru devoir mettre de différence,
quant aux honoraires, entre les donations de
biens présens, faites aux époux ou à l'un
d'eux par leur contrat de mariage, et celles
qui leur sont faites hors ce contrat, lorsqu'elles le sont par des collatéraux ou par
des étrangers, parce qu'au lieu de moins
valoir et d'être moins stables, les donations

ainsi faites sont plus certaines que celles hors du contrat de mariage, et bien moins susceptibles de réduction ou de révocation.

Celles EN LIGNE DIRECTE, faites aux mêmes, dans leur contrat de mariage, se trouvent réglées dans les observations ci-après, concernant les contrats de mariage.

On n'a pas mis non plus de différence entre les dons et legs à titre onéreux, et ceux faits à titre purement gratuit; la loi du 22 frimaire an 7 ne permet pas aux receveurs d'enrégistrement de faire la déduction des charges ; et comme les Notaires se règlent ordinairement, pour la perception de leurs droits, sur les évaluations faites pour la perception des droits d'enrégistrement, il étoit naturel d'adopter cette même base ; le contraire eût été d'ailleurs d'une exécution extrêmement difficile, pour ne pas dire impossible.

LES honoraires pour les donations et les testamens, seront réglés de la manière suivante :

A l'égard des donataires et légataires UNIVERSELS, sur la valeur totale des objets qui leur auront été donnés ou légués, sans

1 3

pouvoir les diviser pour établir séparément le droit de chacun en particulier.

A l'égard des donataires et légataires A TITRE UNIVERSEL, sur la quote-part de chacun d'eux séparément.

Et à l'égard des donataires et légataires A TITRE PARTICULIER, sur la valeur des objets donnés ou légués à chacun d'eux, aussi pris séparément.

Par l'art. XV de la loi du 22 frimaire an 7, l'usufruit étant apprécié à la moitié de la valeur de la nue propriété, formant par conséquent le tiers du tout, il sera fait déduction d'un tiers sur la valeur des objets dont on n'aura légué ou donné que la nue propriété.

Les donataires et légataires quelconques, seront tenus d'acquitter les droits pour tous les dons et legs mis à leur charge, sauf leur recours contre qui il appartiendra.

Les donataires et légataires universels devront seuls acquitter la totalité des droits de la donation ou du testament, aussi sauf leur recours.

Néanmoins, quiconque demandera l'expédition d'une donation ou d'un testament, ou seulement l'exécution d'un testament, sera tenu d'en payer tous les frais, s'ils sont encore dûs, sauf à s'en faire rembourser comme il trouvera convenir. (Art. 851 du code de procédure).

Quelle que soit la forme du testament, les honoraires seront les mêmes; il y aura cette seule différence, que pour le testament mystique ou olographe, le Notaire percevra, en outre de ses honoraires, une vacation pour la présentation du testament à M. le président du tribunal, et une vacation pour le retirer du greffe, en donner décharge au greffier, et le faire enrégistrer. Si le Notaire n'a pas, lui-même, présenté le testament, il ne comptera pas la première de ces vacations; et s'il réside hors de la commune où siége le tribunal, il aura, de plus, ses droits de voyage, ainsi qu'ils seront réglés à l'article IV.

Le droit proportionnel pour les testamens ne sera exigible qu'au décès du testateur, et seulement dans le cas où le testament aura son effet; mais au moment de sa rédaction, les Notaires pourront exiger, par à-compte, sauf à déduire lors de l'événement, savoir :

Pour les testamens portant des legs d'une
valeur au-dessous de 10,000 fr.. ...   6 fr.

    Depuis 10 à 15,000   9

    Depuis 15 à 20,000 12

    Depuis 20 à 25,000 15

et ainsi de suite , en augmentant de 3 fr.
par 5,000, ensorte que, pour le testament
portant une disposition en valeur de 100,000,
l'à-compte sera de 60 fr. ; il sera le même
pour les Notaires des deux premières classes,
mais, des trois quarts seulement pour ceux
des deux autres classes (1) ; sauf aux
Notaires à se conformer au présent tarif
pour régler définitivement les droits à
l'époque du décès du testateur.

L'à-compte exigible au moment de la
confection du testament , sera réglé appro-
ximativement sur la valeur totale des dispositions, si elles sont connues du Notaire;

---

(1) Cette réduction aux trois quarts étoit forcée,
sans quoi, en plusieurs cas, le droit d'à-compte pour
les Notaires des deux dernières classes, eût été plus
fort que le droit proportionnel, ce qui ne pouvoit
pas être.

si elles ne lui sont pas connues , comme pour les testamens mystiques dont il n'auroit pas fait la chartre intérieure , ce droit sera réglé , par apperçu , sur la valeur de la quotité disponible , ou à l'amiable entre le Notaire et le testateur.

Les droits perçus par à-compte seront déduits du droit proportionnel , au décès, si le testament s'exécute ; s'il ne s'exécute pas , soit parce qu'il seroit devenu caduc , soit parce qu'il auroit été révoqué , soit parce que le légataire auroit refusé d'accepter le legs, etc. l'à-compte payé au Notaire, en recevant le testament, lui tiendra lieu d'honoraires ; il ne pourra rien exiger au-delà ; mais il ne sera tenu à aucune restitution.

Les droits proportionnels, quelle que soit la valeur des dispositions testamentaires , ne seront jamais au-dessous de 10 fr. pour les Notaires des grandes villes ; de 9 fr. pour les Notaires des cours d'appel ; de 6 fr. 80 c. pour ceux des tribunaux d'instance ; et de 4 fr. 60 c. pour ceux des justices de paix, expédition non comprise.

2°. *POUR LES VENTES.*

Les ventes et licitations judiciaires renvoyées aux Notaires par les tribunaux,
n'ont point été et ne pouvoient pas être
confondues avec les actes de la première
classe, du moins en ce qui concerne les
Notaires des tribunaux d'instance et ceux
des justices de paix, parce que, pour les
uns et pour les autres, la proportion n'est
plus la même; l'art. 113 du tarif, qui
régle les droits à percevoir pour ces actes,
n'ayant eu en vue que les avoués d'instance,
a dû, comme dans tout le surplus du tarif,
en ce qui les regarde, ne distinguer que
trois classes : celle des avoués près les
tribunaux des cinq grandes villes ; celles
des avoués près les tribunaux des villes où
siégent les autres cours d'appel, ou dont
la population excéde 30,000 ames ; et celles
des avoués de tous les autres tribunaux de
l'Empire.

Cet art. 113 étant rendu commun aux
Notaires par l'art. 172 du même tarif, il a
fallu, pour cette espèce d'acte, réduire les
quatre classes de Notaires en trois classes

seulement, qui sont 1°. ceux des cinq grandes villes; 2°. ceux des villes où siégent les cours d'appel, ou dont la population excéde 30,000 ames; 3°. ceux résidant dans le ressort des tribunaux de toutes les autres villes de l'Empire.

Il n'y pas de différence entre les deux premières de ces trois classes, et les deux premières des quatre classes dont on a donné la distinction plus haut.

Quant à la troisième, qui est celle composée des Notaires de tous le autres tribunaux de l'Empire, il falloit nécessairement qu'elle embrassât la troisième et la quatrième classes, c'est-à-dire, les Notaires des tribunaux d'instance et ceux des justices de paix.

Les Notaires de ces deux dernières classes sont donc assimilés les uns aux autres pour cet objet, et cela paroit juste, dans le cas particulier, puisqu'étant également choisis par les tribunaux d'instance pour faire ces ventes, ils en sont également les délégués; d'ailleurs, n'y ayant qu'une même classe d'avoués près ces tribunaux, il ne pouvoit y avoir qu'une même classe de Notaires,

sous le rapport de l'exécution de l'art. 115;
qui s'applique à la fois aux avoués et aux
Notaires.

Ainsi donc, pour les ventes et licitations
judiciaires renvoyées aux Notaires par les
tribunaux , les émolumens des Notaires
des grandes villes et ceux des Notaires des
cours d'appel seront absolument les mêmes
que ceux portés dans les premières et
secondes colonnes du tableau des actes de la
première classe; il n'y a aucune différence.

Quant à ceux des Notaires des tribunaux
d'instance et des justices de paix, confondus,
pour cette expèce d'acte , en une seule et
même classe , ils ne seront que des trois
quarts de ceux des Notaires des grandes
villes : on prendra donc encore , dans le
même tableau des actes de première classe ,
les émolumens des Notaires des grandes
villes , et on en déduira un quart pour
avoir ceux des Notaires des deux dernières
classes : ce calcul est si simple et si facile ,
qu'on a cru inutile de faire un tableau
particulier pour cet objet.

En cas d'adjudication par lots, de biens
vendus aux enchères , soit ensuite d'un

renvoi par les tribunaux , soit sur la demande des parties majeures , jouissant de
leurs droits, la totalité des prix des lots
sera réunie pour fixer le montant des honoraires. (Art. 113 du tarif des frais et
dépens).

Il est à observer que les droits des Notaires
frappent sur les deux premiers mille francs
comme sur le surplus du prix des adjudications ; ils se perçoivent même sur les
adjudications au-dessous de 2000 francs ;
la défense de compter les deux premiers
mille francs ne concerne que les avoués.
(Voyez les art. 113 et 172 du tarif).

3.º *Pour les Baux.*

ON sent la justice de l'augmentation
du quart , lorsque le fermier est chargé
des impôts : 1.º c'est la règle du gouvernement pour la perception des droits d'enrégistrement ; en second lieu , un bail de 5,000
francs annuellement , sans charge d'impôts
sur le fermier , ne rend pas davantage au
propriétaire qu'un bail de 4,000 francs avec
la charge des impôts qu'on évalue ordinairement au 5.ᵉ du revenu ; cependant le

premier , fait pour neuf ans , donneroit à
un Notaire de Paris 55 francs d'émolumens,
tandis que le second , quoique fait pour le
même temps, ne lui vaudroit que 46 francs,
ce qui seroit injuste.

Il paroîtra peut-être qu'on auroit dû
placer les baux dans la quatrième classe,
au lieu de les mettre dans la cinquième ;
mais les expéditions qui se paient en outre
du droit proportionnel , et qui sont ordinairement longues et faites doubles , auroient
rendu cet acte trop coûteux pour le mal-
heureux cultivateur qu'on charge habituel-
lement de tous les frais ; les baux à loyer
sont rarement notariés.

4.° *POUR LES CONTRATS DE MARIAGE.*

AVANT que d'adopter la fortune présumée
des époux pour régler les honoraires des
contrats de mariage , j'ai examiné et essayé
tous les autres moyens; j'ai voulu les établir
d'abord sur la quote mobilière des impôts ;
ensuite, pour les commerçans , sur la loi
des patentes ; puis après, sur l'état et la
qualité des contractans ; mais par-tout j'ai
rencontré des obstacles et des difficultés insur-

montables ; qui m'ont convaincu qu'il n'y a pas de base plus juste ni plus équitable que celle qui a été préférée.

Pour régler les honoraires des Notaires, sur les contrats de mariage , on réunira à la fortune cumulée des conjoints :

1.° La valeur de tout ce qui leur sera donné entre vifs, par préciput ou non , mais EN LIGNE DIRECTE SEULEMENT , les dons entre vifs faits par des collatéraux ou des étrangers , étant assujettis au droit des donations ordinaires , comme on l'a vu plus haut ;

2.° La valeur approximative des institutions contractuelles qui leur seront faites , aussi EN LIGNE DIRECTE ; ou , à défaut d'institution , la valeur fictive de la réserve légale de chacun des époux ; dans lesquelles institutions ou réserves on comprendra toujours la valeur des donations éventuelles ou avancemens d'hoirie , faites aux conjoints par leurs pères et mères ou autres ascendans dans le même contrat de mariage (1);

---

(1) Si, à défaut d'institution , on ne prenoit pas la réserve légale pour base, on verroit souvent dans des familles riches , des contrats de mariage assimilés à

5.° La valeur approximative de toutes les institutions contractuelles et donations éventuelles faites au profit des mêmes PAR DES COLLATÉRAUX OU PAR DES ÉTRANGERS.

Ne seront considérées que comme éventuelles les donations de biens présens et à venir, permises par l'article 1084 du code Napoléon (2).

C'est sur la réunion de ces choses, que les honoraires des Notaires seront réglés et établis pour les contrats de mariage, en suivant le taux porté au tableau des actes de la cinquième classe.

Les traitemens, comme les pensions et rentes viagères, les jouissances et usufruits dont il a été parlé plus haut, formeront

---

ceux des personnes de la classe commune ou indigente, ce qu'il falloit éviter, comme aussi de baser les droits de ces actes sur la fortune des père et mère , ainsi que le pensoient quelques Notaires.

(2) Ayant cherché dans ce tarif à tout simplifier autant que possible, il falloit éviter les ventilations et les discussions auxquelles auroit donné lieu cet art. 1084.

des

des capitaux composés de dix fois le trai-
tement, la rente viagère, l'usufruit, etc.

Quant aux dons entre vifs ou éventuels
que se feront les époux l'un à l'autre, dans
leur contrat de mariage, les droits n'en
seront perçus qu'autant que leur fortune
établie de la manière ci-dessus indiquée,
jointe aux donations entre vifs qui leur
auroient été faites par des collatéraux et
par des étrangers, s'élevera à plus de 10,000
fr. pour les deux ; et dans ce cas encore, il
ne sera perçu que la moitié des droits réglés
pour les dons entre vifs qu'ils se feroient
hors du contrat de mariage, quant aux
dispositions entre vifs ; et seulement l'à-
compte qui seroit exigible pour un testament, quant aux dispositions éventuelles
ou à cause de mort, lors même qu'elles
seroient réciproques, sans pouvoir doubler
le droit en raison de la réciprocité, ni exiger
un droit proportionnel au décès du pré-
mourant, malgré l'analogie de ces dispositions avec les testamens dont elles tiennent
lieu.

Quelle que soit la fortune des époux, le
moindre droit à percevoir sur les contrats

K

de mariage, sera de 8 fr. pour les Notaires
des grandes villes; de 7 fr. 20 c. pour les
Notaires des cours d'appel; de 5 fr. 40 c.
pour ceux des tribunaux d'instance; et de 3
fr. 60 c. pour ceux des justices de paix.

ARTICLE II.

DES DROITS PAR VACATION.

SUIVANT le tarif des frais et dépens, et
le décret impérial du 16 février 1807, les
vacations des Notaires ont été réglées de la
manière suivante :

Pour les Notaires des grandes villes, par
chaque vacation de trois heures, . . 9 f. c.

Pour les Notaires des cours impériales, 8   10

Pour les Notaires des tribunaux
      d'instance, ... 6   »

Et pour ceux des justices de paix, 4   »

Chaque vacation sera de trois heures au
moins, et de quatre heures au plus. (Art.

4 du décret impérial du 19 brumaire an 14, combiné avec le tarif des frais et dépens).

S'il n'y a qu'une seule vacation, elle sera payée comme complète, encore qu'elle n'ait pas été de trois heures. (Argument de l'art. 1.ᵉʳ du tarif).

Il ne peut être alloué aux Notaires que trois vacations par jour, s'ils opérent dans le lieu de leur résidence: deux par matinée et une seule l'après - dîner. (Art. 151 du tarif, dernier paragraphe). Hors du lieu de leur résidence ils pourront, par conséquent, faire quatre vacations, s'ils le jugent à propos.

Lorsqu'il y aura déplacement, les Notaires percevront en outre les journées de voyage réglées par l'article IV ci-après.

Sont susceptibles des droits par vacation, d'après l'art. 168 du tarif,

1.º Les procès-verbaux de compulsoire;

2.º Le transport des Notaires devant le juge, pour collationner les actes, si ce transport a été requis par les parties;

3.º Les actes respectueux;

4.º Les inventaires, quelle qu'en soit la cause;

5.° Les procès-verbaux de dires, en cas de demande en divorce par consentement mutuel;

6.° Les référés devant M. le président du tribunal de première instance;

7.° Les procès-verbaux de comptes, rapports, formation de masses, prélevemens, composition de lots, fournissemens, etc;

8.° Le transport des Notaires au greffe, pour y déposer la minute du procès-verbal des difficultés élevées dans les partages;

9.° Les partages judiciaires renvoyés devant les Notaires;

Et, par analogie,

10.° Les partages volontaires entre majeurs, les liquidations de successions et de communautés, les réglemens de comptes, même ceux qui se font ensuite des ventes mobilières et immobilières, entre les héritiers ou co-propriétaires, ou entre des créanciers intervenans.

11.° Les ventes mobilières dites ventes à l'encan ou ventes publiques, faites aux enchères, ensuite d'affiches ou autres annonces;

12.° Le transport des Notaires au bureau de l'enrégistrement de l'arrondissement dans lequel ces ventes doivent avoir lieu, pour y faire la déclaration prescrite par l'art. 2 de la loi du 22 pluviôse an 7, et en retirer copie.

Lorsque les Notaires ne résideront pas dans le chef-lieu du bureau de l'enregistrement, ces déclarations seront rétribuées sur le nombre des vacations, d'après l'article concernant les voyages.

Les Notaires, par-tout où ils ont le droit de faire les ventes mobilières, ne pourront rien exiger pour avoir procuré la rentrée des *débets*, sauf à eux à ne point en faire.

13.° Le transport des Notaires au tribunal, pour faire la présentation, et assister à l'ouverture des testamens mystiques et olographes, en exécution de l'art. 1007 du code Napoléon. (Argument de l'art. 2 du tarif).

14.° Le transport des Notaires au greffe du même tribunal, à l'effet de retirer lesd. testamens, en donner décharge au greffier, et les faire enrégistrer.

15.° Les contrats d'union, contenant le détail des biens délaissés, lorsqu'il n'y a pas transmission de propriété.

16.° Le verbal de défaut contre une partie

K 3

citée à se rencontrer en l'étude, soit pour passer ou ratifier un acte, soit pour tout autre objet.

17.º Le dépôt des quatre extraits des con-trats de mariage entre commerçans, aux quatre endroits indiqués par l'art. 67 du code de commerce. (Argument de l'art. 92 du tarif des frais et dépens).

18.º Les procès-verbaux d'enquête, les déclarations de témoins et autres actes des-criptifs, lorsque les individus se présentent volontairement devant les Notaires pour constater quelques faits.

Les procès-verbaux, dans les cas où il en sera dressé, devront faire mention du nombre des vacation , ainsi que de l'heure du com-mencement et de la fin de chaque opération.

Il ne sera rien passé, autre que lesdites vacations , pour les minutes de ces procès-verbaux. (Art. 169 du tarif).

ARTICLE III.

DES DROITS FIXES.

Les Actes susceptibles d'un droit fixe, sont, sauf omission, ceux dont la dénomination suit :

1.º Acceptations de donations, et autres;

2.º Acquiescemens purs et simples;

3.º Actes récognitifs, interprétatifs et confirmatifs, non susceptibles des droits proportionnels;

4.º Actes de sociétés, sans mises de fonds;

5.º Apprentissages ne portant aucune somme;

6.º Arrêtés de comptes sans reliquat;

7.º Autorisations quelconques;

8.º Baux pour nourriture;

9.º Certificats de propriété, et autres;

10.º Compromis;

11.º Consentemens à mariage ou divorce, et autres, faits par actes particuliers;

12.º Constitutions d'hypothèques, par actes particuliers ;

13.º Contrats d'union ne contenant, ni détail des biens abandonnés, ni transmission de propriété, les premiers étant assujettis au droit par vacation, et les autres au droit proportionnel ;

14.º Décharges et remises pures et simples ;

15.º Déclarations non susceptibles, par leur nature et par leur longueur, des droits par vacations ;

16.º Déclarations de command ;

17.º Dépôts d'actes sous seing-privé, non susceptibles des droits proportionnels, ou d'actes notariés ;

18.º Dissolutions de société ;

19.º Mains-levées d'oppositions, et autres ;

20.º Nominations de tuteurs par père ou mère ;

21.º Notoriétés et actes d'identité ;

22.º Procurations de toute espèce ;

23.º Ratifications promises par l'acte ratifié ;

24.º Reconnoissances d'écrits et signatures, pour les actes sous seing-privé non suscep- tibles du droit proportionnel ;

25.º Reconnoissances d'enfans naturels ;

26.º Reconnoissances pures et simples ;

27.º Renonciations pures et simples ;

28.º Révocations d'actes n'emportant pas rétrocession , ni transmission de propriété ;

29.º Transactions ne contenant ni obliga-tion , ni libération , ni transmission de biens , cas auxquels il faudroit recourir aux classes qui concernent ces actes ;

30.º Traités et conventions quelconques ne portant aucune somme déterminée.

SAUF les exceptions dont il va être parlé , tous les actes compris dans cet article , s'ils sont simples et courts , seront susceptibles du *minimum* des droits , ainsi qu'il a été réglé au commencement de cet ouvrage ; c'est-à-dire , pour les Notaires des grandes villes, de . . . . 3 f. 50 c.
Pour ceux des cours impériales, de . 3 15
Pour ceux des tribunaux d'instance, de 2 50
Et pour ceux des justices de paix , de 2 »

Lorsque ces mêmes actes auront une cer-taine importance ou une certaine étendue, il sera perçu une moitié en-sus de ces droits,

ce qui fera, ou 5 fr. 25 c., ou 4 fr. 75 c., ou
3 fr. 75 c. , ou 3 fr. , selon la classe des
Notaires.

S'ils étoient d'une grande importance, très-
longs ou très-compliqués , ces mêmes droits
seroient doublés , et donneroient 7 fr., 6 fr.
30 c., 5 fr., ou 4 fr.

Enfin , pour les reconnoissances d'enfans
naturels, pour les actes de société et pour
les transactions , ces droits pourront être
triples ou quadruples, selon la qualité des
parties et le degré d'importance de ces sortes
d'actes.

Les mains-levées d'inscriptions seront
susceptibles d'un droit de 60 c. par chaque
inscription, indépendamment des expéditions.

Sauf, dans tous les cas, sur-tout quand
il s'agira de transactions, n'y ayant ordinairement que le Notaire qui puisse en
apprécier le travail et les difficultés , sauf,
dis-je, à s'arranger de gré à gré avec les
parties, ou à faire régler les honoraires par
M. le président du tribunal civil, ainsi qu'il
a été dit.

ARTICLE IV.

DES VOYAGES.

Les journées de voyages sont réglées par l'art. 170 du tarif des frais et dépens, ainsi conçu :

» Quand les Notaires seront obligés de
» se transporter à plus d'un myriamètre de
» leur résidence, indépendamment de leur
» journée, il leur sera alloué, pour tous
» frais de voyage et nourriture, par chaque
» myriamètre, un cinquième de leurs vaca-
» tions, et autant pour le retour;

» Et par journée, qui sera comptée à
» raison de cinq myriamètres, aussi pour
» l'aller et le retour, quatre vacations. »

Sans doute cet article auroit pu être rédigé d'une manière plus claire ; cependant
il n'est pas tellement obscur qu'on ne puisse
en découvrir le véritable sens; en substituant
simplement le dernier paragraphe à la place

du premier et *vice versâ*, on le concevra
déja beaucoup mieux ; il faut donc lire :

Par chaque journée qui sera comptée à
raison de cinq myriamètres pour l'aller et le
retour, il sera alloué aux Notaires en voyage
quatre vacations ; et quand ils seront obligés
de se transporter á plus d'un myriamètre
de leur résidence, indépendamment de leur
journée, il leur sera alloué, pour tous frais
de voyage et nourriture, par chaque myria-
mètre, un cinquième de leurs vacations, et
autant pour le retour.

Voilà qui est déjà un peu plus intelligible ;
mais avant que d'aller plus loin, il est bon
d'écarter toutes les difficultés qui ont été
faites sur cet article, et qui consistoient à
savoir :

1.° S'il est dû quelque chose aux Notaires
pour les voyages au-dessous d'un myriamètre;

2.° Si l'indemnité qui leur est allouée pour
leurs frais de voyage et nourriture, lorsque
la distance à parcourir est à plus d'un myriamètre de leur résidence, doit se payer
EN OUTRE de ce qui leur est passé pour la
journée de voyage ;

3.° Si cette indemnité doit se régler sur

les vacations allouées pour la journée de
voyage , ou sur celles employées à l'opération pour laquelle le Notaire est appelé;
c'est-à-dire , si on prendra pour cet objet le
cinquième des émolumens du voyage fait ,
ou le cinquième des émolumens de l'acte reçu;

4.º Enfin , si, au moyen de ces journées
de voyage, et des indemnités qu'on y ajoute
en certains cas , il n'est pas interdit aux
Notaires de demander des émolumens pour
les actes qu'ils sont appelés à recevoir.

Sur la première difficulté.

En statuant que la journée des Notaires
en voyage sera comptée *A RAISON DE quatre
vacations par cinq myriamètres* , et qu'ils
auront , *en outre de leur journée,* telle indemnité , si le voyage fait , est au-dessus
d'un myriamètre , l'article 170 ne s'est-il pas
assez expliqué ? Dire que les voyages des
Notaires seront comptés à raison de *tant* par
cinq myriamètres , n'est-ce pas comme si la
loi portoit qu'ils auront moins , lorsque la
distance parcourue sera moindre , comme
ils auroient davantage si la distance étoit
plus forte? Dire que quand les voyages ne

seront que d'un myriamètre et au-dessous, les Notaires n'auront aucune indemnité, *en outre de leur journée*, n'est-ce pas sous-entendre qu'ils auront, du moins, cette journée, ou les vacations qui la représentent ?

Ces raisonnemens paroissent démonstratifs : veut-on savoir pourquoi il n'est passé aucun frais de transport et nourriture pour les voyages qui ne sont qu'à un myriamètre de la résidence du Notaire, ou au-dessous de cette distance ? C'est par la raison toute simple que le Notaire pouvant alors faire le voyage à pied, et revenir prendre sa nourriture chez lui, on a supposé qu'il n'auroit, en ce cas, aucun déboursé à faire, ni pour son transport, ni pour sa nourriture ; mais, l'indemnité à part, les petits voyages, toute proportion gardée, sont rétribués tout comme les voyages plus considérables ; on ne pouvoit pas obliger un Notaire à abandonner son étude, à perdre, peut-être, le fruit de quelques actes importans, et à cheminer pendant deux, trois ou quatre heures, sans aucune rétribution.

SUR la seconde difficulté.

Il n'est pas possible qu'on ait fait sérieu-

sement cette objection ; l'art. 170 est si clair
et si positif sur cet objet, qu'il ne laisse pas
le plus léger doute ; il y est dit que, pour
les voyages au-dessus d'un myriamètre de
la résidence des Notaires, il leur sera
alloué, *pour tous frais de voyage et nour-*
riture, INDÉPENDAMMENT DE LEUR
JOURNÉE, un cinquième de leurs vacations par chaque myriamètre, et autant pour
le retour. Il ne faut que lire ce passage
pour en sentir le sens et la raison. S'il
n'étoit rien passé aux Notaires pour leurs
frais de transport et nourriture, ils seroient
forcés d'y employer tout ou partie de ce
qui leur est accordé pour leur journée de
voyage ; car enfin, pour ces voyages, ils sont
obligés de vivre dans les auberges ou chez
les traiteurs, et de payer leur voiture ; s'ils
employoient à cela tout ou partie de ce qui
leur est accordé pour leur journée de voyage,
leur émolument ne seroit plus entier, et
c'est précisément ce que l'art. 170 du tarif
a voulu éviter, en allouant une indemnité
particulière pour subvenir à ces frais.

SUR la troisième difficulté.

Le rédacteur des annales du Notariat, ainsi qu'un grand nombre de Notaires, ont pensé que l'indemnité accordée pour les frais de transport et nourriture, devoit se régler, non sur les vacations allouées pour la journée de voyage, mais sur les vacations employées à l'opération pour laquelle le Notaire est appelé ; d'où il résulteroit qu'il n'y auroit aucune proportion entre cette indemnité et le chemin parcouru, puisqu'elle seroit réglée en raison de la longueur de l'acte, au lieu de l'être en raison de la longueur du chemin ; en sorte que, pour un voyage de cinq myriamètres, aller et retour compris, un Notaire de Paris pourroit avoir pour indemnité ou 18 fr. ou 180 fr., selon qu'il auroit employé à l'opération, ou deux vacations, ou vingt ; je m'explique :

Supposons qu'à l'occasion d'un inventaire, un Notaire de Paris soit appelé à une distance de deux myriamètres cinq kilomètres de sa résidence, ce qui seroit juste une journée, ou cinq myriamètres, aller et retour compris ;

Si

Si l'opération de ce Notaire se terminoit en deux vacations, il auroit, pour ses deux vacations, fixées à 9 fr. chaque, une somme de 18 fr., dont le 5.ᵉ pour indemnité, *par chaque myriamètre*, seroit de pareille somme de 18 fr.; ou, si l'on veut, dont le 5.ᵉ seroit de 3 fr. 60 c., qui pris cinq fois, puisque la distance parcourue seroit de cinq myriamètres, donneroit une indemnité totale de 18 fr.

Si, au contraire, l'opération de ce même Notaire ne se terminoit qu'en vingt vacations, chose très-possible, le total de ses vingt vacations à 9 fr. étant de 180 fr., dont le 5.ᵉ est de 36 fr., son indemnité se trouveroit être de 180 fr. pour un voyage semblable au premier, ce qui seroit absurde.

Ce n'est pas tout encore; quelle seroit l'indemnité du Notaire, lorsque l'acte pour lequel on l'appelleroit ne seroit pas de l'espèce de ceux qui se rétribuent par vacation, par exemple, pour une vente? car l'art. 170 ne fait point de distinction, et les voyages pour ventes doivent être, sans contredit, rétribués comme les autres.

Faudroit-il, pour régler cette indemnité, avoir recours aux honoraires? mais cela

L.

seroit en contradiction avec ce même article
170, qui ne parle que des vacations, et
nullement des honoraires ; et lors même
que, contre son prescrit, on prendroit les
honoraires pour base, il en résulteroit la
même bizarrerie et la même inconséquence,
puisque, dans le cas d'un voyage de cinq myriamètres, aller et retour compris, un Notaire
de Paris courroit la chance d'avoir pour son
indemnité 600 fr. ou 6 fr., selon que l'acte
dont il s'agiroit, seroit susceptible de donner
pour honoraires 600 fr. ou 6 fr., l'indemnité
pour les voyages de cinq myriamètres se
trouvant égale à l'émolument du Notaire,
comme on l'a vu plus haut.

En voilà assez pour démontrer que l'indemnité accordée aux Notaires pour frais
de transport et nourriture, doit être propor-
tionnée à la longueur du voyage ; que par
conséquent elle doit être calculée sur le
montant des vacations allouées pour ce même
voyage, et non sur l'émolument de l'acte
pour lequel le Notaire est appelé. C'est de
cette manière que l'indemnité a été calculée
dans les tableaux qu'on trouvera ci-après.

Sur *la quatrième difficulté.*

On a fait aussi cette question : si, au moyen de ce qui est alloué aux Notaires pour leurs voyages, il ne leur est pas interdit de demander des émolumens pour les actes qu'ils sont appelés à recevoir ?

C'est probablement l'art. 169 du tarif des frais et dépens qui y a donné lieu, étant ainsi conçu : » Dans tous les cas où il est » alloué des vacations aux Notaires, il ne » leur sera rien passé pour les minutes de » leurs procès - verbaux. » Mais cet article du tarif n'est point applicable aux voyages, il ne concerne que les vacations ayant pour objet la confection des minutes des actes compris dans l'art. 168 qui le précéde immédiatement, et avec lequel il ne forme réellement qu'un seul et même article.

Effectivement, le chapitre 7 du tarif, celui dans lequel se trouve l'article 169, est divisé, lui-même, en huit articles différens, le premier desquels comprend les articles 168 et 169. Ce chapitre est le seul du tarif qui se trouve ainsi divisé ; il paroit même que cette division n'a eu pour objet que de confondre les articles 168 et 169 en un seul, n'y ayant que ceux-là de réunis sous un même numero.

Une seule réflexion suffira au surplus pour lever tous les doutes à cet égard.

N'est-il pas vrai qu'un Notaire de Paris qui fera, *dans le lieu de sa résidence*, un inventaire de dix vacations, ou une vente judiciaire de 9,000 francs, aura, pour ses vacations ou pour ses remises, une somme de 90 francs ? On ne peut pas contester cette supposition, qui est en tout conforme à ce qui est taxé par le tarif des frais et dépens. Eh bien, supposons qu'au lieu d'opérer dans sa résidence, ce même Notaire se soit transporté à un myriamètre de Paris, qu'en résulteroit-il ? Soutiendra-t-on que, pris égard aux 14 francs 40 c. qui lui sont passés pour son voyage, comme on le verra plus loin, il ne pourra prétendre à rien autre chose ? et que ce qui lui vaudroit 90 francs à Paris, ne devroit lui valoir que 14 francs 40 c. à un myriamètre plus loin ? J'ai cependant entendu des Notaires sensés et instruits, me faire sérieusement cette objection.

JE REVIENS à l'explication de l'art. 170, devenue toute simple après avoir écarté ces quatre difficultés. J'observe d'abord que, dans le cours de cette explication, comme dans les tableaux qui la suivent, il ne sera jamais question que de la distance existant réellement entre le lieu de la résidence du Notaire, et celui où il se sera transporté pour opérer, le retour étant toujours sous-entendu, et l'émolument qui en revient au Notaire étant toujours compris avec l'émolument de l'aller. Cela étoit nécessaire pour éviter des méprises et pour l'uniformité des tableaux : qu'il soit dit, au surplus, qu'un Notaire aura l'émolument de quatre vacations lorsqu'il se sera transporté à deux myriamètres et demi de sa résidence, ou lorsqu'il aura parcouru une distance de cinq myriamètres, aller et retour compris, la chose revient au même. Il faut donc se ressouvenir que dans les sommes portées sur les tableaux, le retour sera toujours compris, et qu'il ne faudra prendre, pour régler les droits, que la distance réelle depuis la demeure du Notaire au lieu où il sera appelé, ou, ce qui est la même chose, la moitié de la distance parcourue tant pour l'aller que pour le retour.

Cela posé, j'ai dit : puisque, pour un

L 3

voyage de cinq myriamètres, aller et retour compris, ou plutôt, pour un voyage à deux myriamètres et demi de la résidence du Notaire, il est alloué à ce dernier, l'émolument de quatre vacations, il ne lui sera alloué, conséquemment, que la moitié, le tiers ou le quart de cet émolument, si la distance parcourue n'est que de la moitié, du tiers ou du quart de cinq myriamètres; tout comme il lui en seroit alloué le double, le triple ou le quadruple, si cette distance étoit double, triple ou quadruple de la première.

Ayant donc pris les quatre cinquièmes du produit de quatre vacations, on a eu l'émolument pour un voyage de quatre myriamètres, aller et retour compris, ou mieux, pour un voyage à deux myriamètres de la résidence du Notaire; ayant pris ensuite la moitié de cet émolument, ou les deux cinquièmes des quatre vacations, on a eu celui pour un voyage à un myriamètre de la résidence du Notaire; ayant pris enfin le dixième de ce dernier produit, on a eu l'émolument pour un voyage à un kilomètre de la résidence du Notaire, puisqu'il y a dix kilomètres dans un myriamètre.

D'où il est résulté qu'un Notaire de Paris, par exemple, doit avoir, pour un voyage à deux myriamètres et demi de sa résidence, aller et retour compris, ... 36 f. c.

A deux myriamètres seulement, 28 80

A un myriamètre, ... 14 40

Et à un kilomètre, ... 1 44

Il en sera de même pour les Notaires des autres résidences, en prenant pour base le taux de leurs vacations respectives.

Partant de là, rien n'a été plus facile que de former un tableau pour toutes les distances, depuis un kilomètre de la demeure du Notaire, jusqu'à deux myriamètres et demi, faisant une journée entière.

Mais il n'en a pas été de même, relativement à l'indemnité accordée pour les voyages au-dessus d'un myriamètre ; il a fallu , pour cette partie du tableau , autant de calculs particuliers qu'il y a d'articles, et les répéter autant de fois qu'il y a de classes de Notaires ; ce qui a occasionné un travail long et difficile : par exemple , pour une distance d'un myriamètre et un kilomètre, (première distance pour laquelle l'indemnité est allouée), il a fallu, 1.° trouver la somme dûe au Notaire, pour le voyage, indemnité non comprise ; 2.° extraire le cinquième de cette somme ; 3.° prendre ce cinquième autant de fois que de myriamètres et de fractions de myriamètres il y avoit dans la distance à régler , c'est-à-dire , pour le cas dont il s'agit , une fois et le dixième d'une fois, la distance étant d'un myriamètre et d'un dixième de myriamètre ; 4.° réunir ces cinquièmes et fractions de cinquièmes en une seule somme ; 5.° enfin, ajouter cette somme à celle passée pour le voyage, afin d'avoir un total unique , tel qu'il se trouve dans le tableau des voyages susceptibles d'indemnité.

N'y ayant entre les produits, ni proportion, ni rapport quelconque , propres à abréger les opérations , il a fallu les répéter successivement autant de fois qu'il y a d'articles dans ce tableau.

On a fait un premier tableau pour les voyages d'un myriamètre et au-dessous, c'est-à-dire, pour les voyages non susceptibles d'indemnité.

Le second tableau a pour objet , au contraire, les voyages au-dessus d'un myriamètre, susceptibles , par conséquent , de l'indemnité accordée pour frais de transport et nourriture.

PREMIER TABLEAU.

Des Voyages non susceptibles d'indemnité, c'est-à-dire, d'un Myriamètre et au-dessous.

DISTANCES.	NOTAIRES			
	des grandes Villes.	des Cours impériales.	des Tribunaux d'instance.	des Justices de paix.
	fr. c.	fr. c.	fr. c.	fr. c.
1 Kilomètre.	1 44	1 30	» 96	» 64
2 Kilomètres.	2 88	2 59	1 92	1 28
3 Kilomètres.	4 32	3 89	2 88	1 92
4 Kilomètres.	5 76	5 18	3 84	2 56
5 Kilomètres.	7 20	6 48	4 80	3 20
6 Kilomètres.	8 64	7 77	5 76	3 84
7 Kilomètres.	10 08	9 07	6 72	4 48
8 Kilomètres.	11 52	10 37	7 68	5 12
9 Kilomètres.	12 96	11 66	8 64	5 76
1 Myriamètre.	14 40	12 96	9 60	6 40

OBSERVATIONS *particulières à ce premier tableau.*

1.° Les courses au-dessous d'un kilomètre seront considérées et rétribuées comme si elles étoient d'un kilomètre entier, fussent-elles faites dans la commune où réside le Notaire.

On sent toute la justice de cette règle : d'une part, les Notaires ne sont presque jamais appelés hors de leur étude que pour la seule commodité des parties qui ne veulent pas se déranger elles-mêmes ; d'autre part, le simple déplacement du Notaire suffit pour lui faire perdre le fruit des actes qu'il pourroit recevoir en ne quittant pas son étude ; au surplus, cette indemnité est très-modique, puisqu'elle ne vaudra aux Notaires de Paris, qui sont obligés de se servir de voitures, que 1 franc 44 c.

Il y aura cependant une exception pour les actes qui ne peuvent pas être faits en l'étude, lorsqu'ils auront lieu dans la commune où réside le Notaire, sauf à comprendre le temps de l'aller et du retour, dans la première

vacation, ainsi que l'art. 1er du tarif des frais
et dépens le prescrit aux juges de paix.

Du nombre de ces actes sont, les inventaires , les actes respectueux , les procès-
verbaux dressés devant le Juge , en cas de
demande en divorce par consentement mutuel, ou pour tout autre objet, etc.

2.° Quand même, pour les petits voyages,
le Notaire reviendroit, après chaque vacation,
prendre chez lui sa nourriture ou son coucher,
il n'auroit pas, pour cela , le droit de compter
autant de voyages que de courses il lui auroit
plu faire, il ne pourroit en compter qu'un
seul ; autrement cela deviendroit abusif,
puisqu'à une distance d'une heure et demie,
et pour un inventaire de dix vacations , je
suppose, un Notaire pourroit , de cette manière , se faire payer dix voyages de trois
heures chaque, en n'allant remplir les dix
vacations que successivement, et en comptant
pour chacune un voyage d'une heure et demie
pour l'aller et autant pour le retour , ce qui
lui feroit , au total, une somme aussi forte
que s'il eût fait un voyage de quinze myriamètres , indemnité non comprise.

3.° Pour ces mêmes petits voyages , il sembleroit qu'à l'imitation des juges de paix, et pour marcher de concert avec eux, lorsqu'il y a eu apposition de scellés , les Notaires devroient comprendre , dans la première vacation, le temps de l'aller et celui du retour; néanmoins , il me paroît que les Notaires feront mieux de ne pas en user ainsi , lorsqu'ils sortiront du lieu de leur résidence.

Premièrement, la loi ne les y astreint pas; secondement, en multipliant ainsi le nombre des vacations, ce seroit jetter les parties, très-inutilement, dans un surcroît de droits d'enrégistrement. Troisièmement enfin, les droits des Notaires, pour un voyage de trois heures, ne sont pas les mêmes que ceux pour une vacation de trois heures.

TABLEAU pour les voyages au-dessus d'un myriamètre, y compris l'indemnité accordée aux Notaires pour frais de transport et nourriture.

DISTANCES.	NOTAIRES DES GRANDES VILLES.			NOTAIRES DES COURS IMPÉRIALES.			NOTAIRES DES TRIBUNAUX D'INSTANCE.			NOTAIRES DES JUSTICES DE PAIX.		
	Journée.	Indemnité.	TOTAL.	Journée.	Indemnité.	TOTAL.	Journée.	Indemnité.	TOTAL.	Journée.	Indemnité.	TOTAL.
	fr. c.	fr. c.	fr. c.	fr. c.	fr. c.	fr. c.	fr. c.	fr. c.	fr. c.	fr. c.	fr. c.	fr. c.
1 Kilomètre	1 44	» 6	1 50	1 50	» 5	1 55	» 96	» 04	1 »	» 64	» 3	» 67
2 Kilomètres	2 88	» 23	3 11	2 59	» 21	2 80	1 92	» 15	2 07	1 28	» 10	1 38
3 Kilomètres	4 32	» 52	4 84	3 89	» 47	4 36	2 88	» 35	3 23	1 92	» 23	2 15
4 Kilomètres	5 76	» 92	6 68	5 18	» 83	6 01	3 84	» 61	4 45	2 56	» 41	2 97
5 Kilomètres	7 20	1 44	8 64	6 48	1 30	7 78	4 80	» 96	5 76	3 20	» 64	3 84
6 Kilomètres	8 64	2 07	10 71	7 77	1 86	9 63	5 76	1 38	7 14	3 84	» 92	4 76
7 Kilomètres	10 08	2 82	12 90	9 07	2 54	11 61	6 72	1 88	8 60	4 48	1 25	5 73
8 Kilomètres	11 52	3 69	15 21	10 37	3 32	13 69	7 68	2 46	10 14	5 12	1 64	6 76
9 Kilomètres	12 96	4 67	17 63	11 66	4 20	15 86	8 64	3 11	11 75	5 76	2 07	7 83
1 Myriamètre	14 40	5 76	20 16	12 96	5 18	18 14	9 60	3 84	13 44	6 40	2 56	8 96
1 Myriamètre et 1 kilomètre.	15 84	6 97	22 81	14 26	6 27	20 53	10 56	4 66	15 22	7 04	3 10	10 14
1 Myriamètre et 2 kilom. .	17 28	8 30	25 58	15 55	7 46	23 01	11 52	5 53	17 05	7 68	3 69	11 37
1 Myriamètre et 3 kilom. .	18 72	9 74	28 46	16 85	8 76	25 61	12 48	6 49	18 97	8 32	4 33	12 65
1 Myriamètre et 4 kilom. .	20 16	11 29	31 45	18 14	10 16	28 30	13 44	7 53	20 97	8 96	5 02	13 98
1 Myriamètre et 5 kilom. .	21 60	12 96	34 56	19 44	11 66	31 10	14 40	8 64	23 04	9 60	5 76	15 36
1 Myriamètre et 6 kilom. .	23 04	14 75	37 79	20 74	13 27	34 01	15 36	9 83	25 19	10 24	6 55	16 79
1 Myriamètre et 7 kilom. .	24 48	16 65	41 13	22 03	14 98	37 01	16 32	11 10	27 42	10 88	7 40	18 28
1 Myriamètre et 8 kilom. .	25 92	18 67	44 59	23 33	16 80	40 13	17 28	12 44	29 72	11 52	8 30	19 82
1 Myriamètre et 9 kilom. .	27 36	20 80	48 16	24 62	18 71	43 33	18 24	13 86	32 10	12 16	9 24	21 40
2 Myriamètres	28 80	23 04	51 84	25 92	20 74	46 66	19 20	15 36	34 56	12 80	10 24	23 04
2 Myriamètres et 1 kilom.	30 24	25 40	55 64	27 22	22 86	50 08	20 16	16 93	37 09	13 44	11 29	24 75
2 Myriamètres et 2 kilom.	31 68	27 88	59 56	28 51	25 09	53 60	21 12	18 59	39 71	14 08	12 39	26 47
2 Myriamètres et 3 kilom.	33 12	30 47	63 59	29 81	27 42	57 23	22 08	20 31	42 39	14 72	13 54	28 26
2 Myriamètres et 4 kilom.	34 56	33 18	67 74	31 10	29 86	60 96	23 04	22 12	45 16	15 36	14 75	30 11
2 Myriamètres et 5 kilom.	36 »	36 »	72 »	32 40	32 40	64 80	24 »	24 »	48 »	16 »	16 »	32 »

OBSERVATIONS concernant la perception des Droits pour tous les voyages.

1.° POUR régler les droits d'un voyage quelconque, susceptible ou non de l'indemnité, il faudra avoir attention, ainsi qu'on l'a déjà observé, de ne prendre que la distance pour l'aller seulement, et non pour le retour.

Si cependant le Notaire étoit parti d'un autre lieu que celui de sa résidence, ou s'il n'étoit pas revenu chez lui directement, ce qui arrive quand, avant ou après l'opération, il a été appelé pour se transporter ailleurs, il faudroit, en ce cas, après avoir compté la distance entière du chemin parcouru, *à l'occasion de l'acte duquel il s'agiroit*, la réduire à moitié, avant que de recourir aux tableaux pour régler les droits.

Si l'on ne prenoit pas cette précaution, la perception se trouveroit double de ce qu'elle doit être réellement, puisque, comme on l'a dit plus haut, quoique les tableaux ne portent que la distance effective, depuis la demeure du Notaire au lieu où il

est appelé, le retour y est toujours sous-
entendu, et l'émolument réglé au total, tant
pour l'aller que pour le retour.

2.º Lorsque les voyages excéderont la
journée ordinaire de deux myriamètres et
demi, ou cinq myriamètres, aller et retour
compris, on prendra le taux porté sur le
tableau pour deux myriamètres et demi,
autant de fois qu'il y aura de journées entières, après quoi on y prendra, pour l'excédant, ou la fraction de journée, s'il y en a,
la somme correspondant à l'excédant de
distance. Il ne faudroit pas sur-tout, en
voulant calculer soi-même, aller prendre
pour base de l'indemnité, par chaque myriamètre, le cinquième des vacations de plusieurs
journées réunies; il en résulteroit que cette
indemnité seroit double, triple ou quadruple
de ce qu'elle devroit être, selon que le calcul
auroit été fait sur deux, trois, ou quatre
journées. Elle seroit, à Paris, par exemple,
pour un voyage de trois journées ordinaires,
ou de quinze myriamètres, aller et retour
compris, de 21 fr. 60 c., par chaque myriamètre, au lieu de 7 fr. 20 c., comme le veut
la loi, par conséquent, de 324 francs pour

le voyage , au lieu de 108 fr. , ainsi que cela
doit être ; ce qui seroit à la fois , contraire à
l'esprit de l'article 170 du tarif des frais et
dépens , exorbitant pour les Notaires , et
ruineux pour les parties.

C'est pour éviter les erreurs de ce genre,
et pour obliger les Notaires à prendre séparément le taux de chaque journée, en particulier , que j'ai cru ne pas devoir dépasser,
dans le tableau , la journée de deux myriamètres et demi, ou de cinq myriamètres,
aller et retour compris.

3.° Il semblera peut - être que ce même
tableau n'auroit dû commencer que par les
distances au-dessus d'un myriamètre , puisque
pour celles d'un myriamètre et au-dessous
il n'y a pas d'indemnité ; mais, à cause des
fractions de journée, il falloit le commencer
par un kilomètre. Cela seroit nécessaire, je
suppose , s'il s'agissoit de régler les droits
pour un voyage de dix myriamètres six
kilomètres , aller et retour compris ; ayant
d'abord pris la moitié de cette distance, on
auroit cinq myriamètres et trois kilomètres;
les cinq myriamètres équivalant à deux journées entières, on prendroit au tableau , deux

fois le taux de deux myriamètres et demi ; et pour les trois kilomètres restans , on prendroit le taux fixé pour cette distance , au commencement du tableau. S'il n'étoit question que de deux myriamètres six kilomètres, on prendroit pour deux myriamètres et cinq kilomètres , la journée entière ; ensuite , pour un kilomètre , on prendroit ce qui est fixé pour cette distance ; et ainsi de suite ; ce qui démontre la nécessité d'avoir commencé le tableau par un kilomètre.

4.° Lorsque les parties elles-mêmes auront pourvu aux frais de transport et à la nourriture des Notaires , ce qui arrive assez fréquemment, les Notaires ne compteront pas l'indemnité allouée pour ces mêmes frais ; raison pour laquelle on a cru devoir séparer le droit d'indemnité , du droit principal.

5.° Il est encore une espèce de voyages qu'il n'est pas moins juste de rétribuer ; je veux parler de ceux faits par les Notaires qui résident hors les chefs-lieux de bureaux , pour porter leurs actes à l'enrégistrement. Ce sont de véritables voyages, onéreux pour eux comme tous les autres.

Ces Notaires n'ont que quinze jours pour faire enrégistrer

enrégistrer leurs actes, ce qui leur nécessite rigoureusement vingt-quatre voyages dans l'année.

Certes, ils en font bien davantage, parce que, très-souvent, les parties veulent de suite, soit une obligation pour l'inscrire au bureau des hypothèques, soit une vente pour la faire transcrire, soit une procuration pour agir sur le champ, ou pour l'envoyer au déhors, etc. etc. On sait aussi que, presque toujours, ces Notaires sont obligés d'attendre leurs actes très-longtemps, ou de retourner les prendre le lendemain, ce qui leur occasionne deux voyages pour un.

Malgré cela, vingt-quatre voyages par année ont paru suffisans, par la raison que les Notaires ne vont pas toujours exprès au chef-lieu du bureau, pour y porter leurs actes ; il arrive, de temps à autre, dans l'année, qu'ils y sont appelés, ou pour leurs propres affaires, ou pour des affaires étrangères au notariat, ce qui opérera en leur faveur une espèce de compensation.

On pourra donc récapituler les émolumens de ces vingt-quatre voyages, calculés d'après la distance de la demeure du Notaire au chef-

M

lieu de son bureau d'enrégistrement ; diviser ensuite ce total en autant de portions égales qu'il aura passé d'actes pendant l'année expirée, à vue de son répertoire ; et ajouter le quotient, aux droits ordinaires de chaque acte. La même opération se répétera chaque année, toujours à vue du dernier répertoire, qui est un document non suspect.

Si un Notaire de cette classe n'avoit exercé qu'une partie de l'année expirée, il feroit son calcul de la même manière, en supposant également un voyage par quinze jours d'exercice, ou deux voyages par mois.

ARTICLE V.

DES DROITS DIVERS.

Le tarif des frais et dépens, art. 174, et le décret impérial du 16 février 1807 ont réglé les droits d'expéditions de la manière suivante :

Pour les Notaires des grandes villes, par

chaque rôle, ... 3 f. c.

Pour les Notaires des cours impériales, 2 70

Pour les Notaires des tribunaux d'ins-

tance , ... 2 »

Et pour les Notaires des justices de

paix , ... 1 50

Chaque rôle d'expédition doit contenir vingt-cinq lignes à la page et quinze syllabes à la ligne.

Le premier rôle sera toujours considéré comme complet, mais les rôles subséquens, s'ils ne sont pas remplis, devront être fractionnés par quart, par demi ou par trois quarts, selon que le rôle non achevé sera écrit au quart, à la moitié ou aux trois quarts.

2.° Les collations de titres et pièces seront rétribuées de la manière suivante :

Lorsque les pièces auront été transcrites en l'étude, les Notaires percevront, par chaque rôle , les deux tiers des droits ordinaires d'expédition, c'est-à-dire :

Ceux des grandes villes . . . . . 2 f. » c.

Ceux des cours impériales . . 1 . 80

Ceux des tribunaux d'instance 1 . 33

Et ceux des justices de paix . . 1 . » .

Si les écritures ont été faites par les parties, il ne sera perçu, par chaque rôle, que moitié des droits précédens, c'est-à-dire:

Par les Notaires des grandes villes . . . . 1 f. » c.

Par ceux des cours impériales » 90

Par ceux des tribunaux d'instance . . . . » 67

Et par ceux des justices de paix » 50

Dans tous les cas, le droit à percevoir ne sera jamais au-dessous de 2 fr., 1 fr. 80 c., 1 fr. 33 c., ou 1 fr., ainsi qu'il vient d'être dit pour le cas où les écritures se font chez le Notaire ; le tout indépendamment des 50 c. par acte, pour droit de sceau et frais de répertoires.

3.º Dans les pays où jadis il n'y avoit pas de formule exécutoire, il arrive souvent aux parties de s'adresser aux dépositaires des minutes des anciens contrats, pour les requérir de mettre la formule actuelle sur la première expédition qu'elles rapportent ; cela leur évite les frais d'un jugement sur mémoire (mandement de *debitis*) qu'elles seroient obligées de demander aux tribunaux, avant de pouvoir se servir de leur titre.

Le droit de cette formule sera le même que celui d'un rôle d'expédition ; c'est-à-dire, 3 fr., 2 fr. 70 c., 2 fr., ou 1 fr. 50 c. ; mais sans pouvoir exiger le droit de sceau et répertoires ; vu que ces formules ne se portent pas sur les répertoires.

4.° L'article 107 du tarif des frais et dépens passe aux avoués une vacation qui est de 6 francs à Paris, pour se faire délivrer l'extrait des inscriptions ; et l'article 137 autant, pour faire rayer une ou plusieurs inscriptions. Ces taxes seroient trop fortes pour les Notaires que les parties chargent des mêmes opérations ; en les réduisant au tiers, les Notaires auroient, pour procurer l'extrait des inscriptions, ou leur radiation, ou une transcription, ou enfin une simple inscription, savoir :

Ceux des grandes villes . . . 2 f. » c.
Ceux des cours impériales . . 1   80
Ceux des tribunaux d'instance 1   33
Et ceux des justices de paix . . 1 f. »

Le tout, indépendamment des droits de voyages, lorsque les parties auront requis les Notaires de se transporter exprès au chef-lieu de l'arrondissement.

5.° L'article 105 dudit tarif des frais et dépens passe aux avoués un tiers de vacation pour faire légaliser une signature d'imprimeur par le maire de la commune ; par la même raison , les Notaires pourroient percevoir , pour faire légaliser leur signature, quand la loi l'exige et que la partie ne s'en charge pas , non un tiers de vacation , mais un simple droit de 75 centimes pour les Notaires des deux premières classes, et de 5o centimes pour ceux des deux autres ; sauf encore, comme dans l'article précédent, les droits de voyage, pour les Notaires que les parties auroient fait transporter exprès au chef-lieu d'arrondissement.

6.° L'article 58 de la loi du 22 frimaire an 7, accorde aux receveurs d'enrégistrement 1 franc par chaque année de recherche ; les recherches chéz les Notaires étant moins pénibles et moins longues , ils pourront percevoir sur les années indiquées , savoir : 5o centimes sur la première, et 25 centimes seulement , sur chacune des autres.

7.° L'article 58 du tarif des frais et dépens

accorde aux huissiers pour rédaction d'affiches 1 franc, par chaque affiche manuscrite 50 centimes, etc.

Les Notaires font aussi, et très-souvent, des affiches, soit pour des ventes de fonds, soit pour des ventes de meubles ; c'est à leur diligence que ces affiches sont rédigées, imprimées et affichées; ils les font de plus insérer dans les journaux ou feuilles d'annonces des départemens ; ils pourront donc demander, pour toutes ces démarches, un droit fixe de 3 francs, quelle que soit la résidence du Notaire.

8.° L'article 42 du tarif passe à l'officier qui aura procédé à une vente de meubles pour faire taxer ses frais par le juge :

A Paris . . . . 3 f. » c.

Dans les villes où il y a une cour impériale 2 70

Dans celles où il y a un tribunal d'instance . . . . . 2 »

Et dans les justices de paix 1 50

Et autant pour en consigner les deniers, si le cas y échet.

Ces droits sont applicables aux Notaires qui font des ventes publiques.

Tout ceci, comme tout ce qui, dans le cours de cette instruction, ne se trouve pas réglé par une loi positive, ou par le tarif des frais et dépens, n'est que par forme d'indication ou de renseignement, et sans préjudice aux droits qu'ont les parties, si elles se croient lésées, de s'adresser à M. le président du tribunal de première instance, pour faire régler les honoraires des Notaires.

FIN.

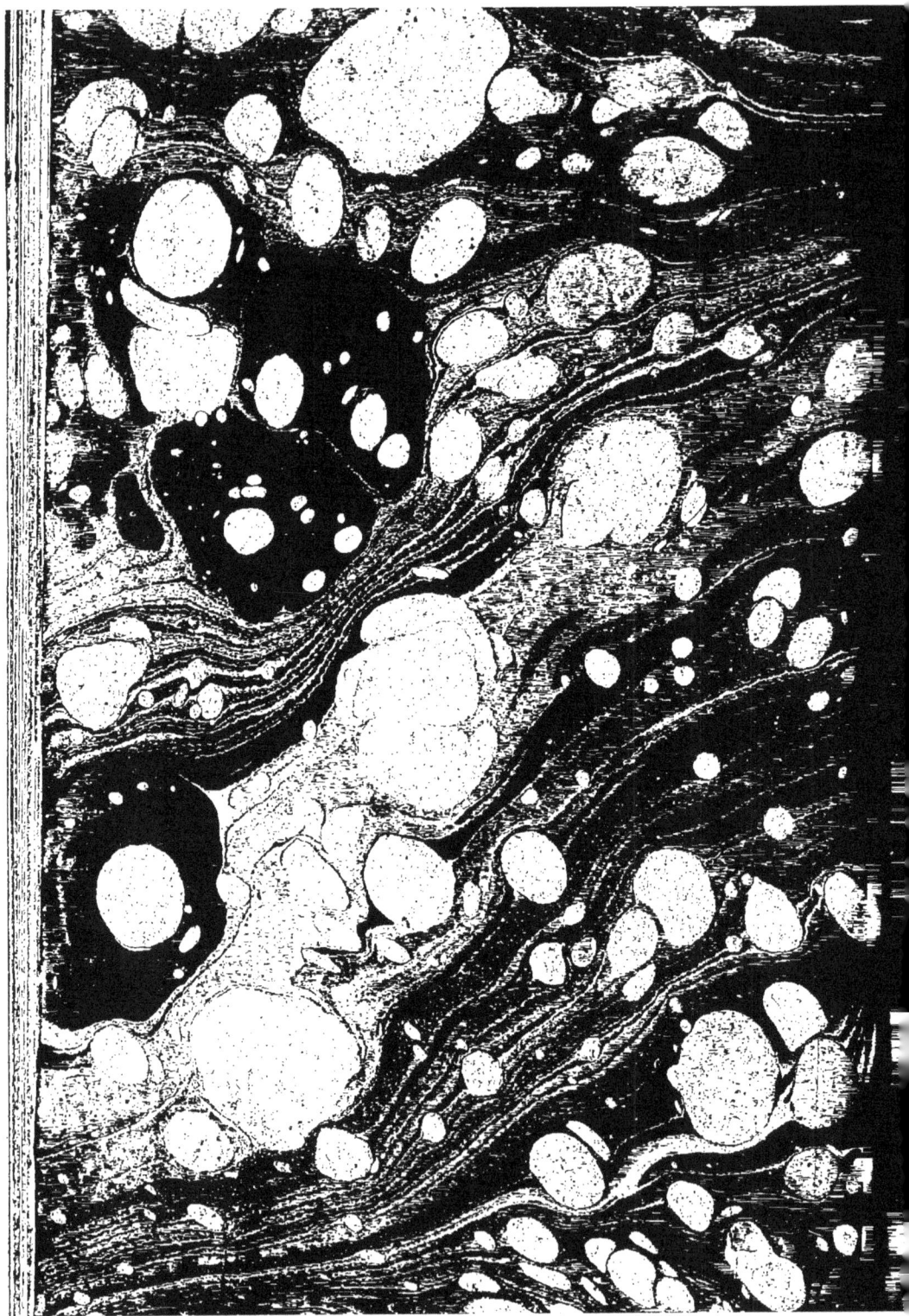